追忆集

——纪念林石城先生诞辰90周年

主编 章红艳

中央音乐学院出版社
CENTRAL CONSERVATORY OF MUSIC PRESS

·北京·

图书在版编目(CIP)数据

追忆集：纪念林石城先生诞辰 90 周年/章红艳主编. —北京：中央音乐学院出版社，2016.10（2025.1 重印）

ISBN 978－7－81096－774－7

Ⅰ.①追…　Ⅱ.①章…　Ⅲ.①林石城—纪念文集

Ⅳ.①K825.76－53

中国版本图书馆 CIP 数据核字（2016）第 220330 号

ZHUĪYÌ JÍ

追忆集　——纪念林石城先生诞辰 90 周年　　章红艳主编

出版发行：中央音乐学院出版社

经　　销：新华书店

开　　本：787×1092 毫米　特 16 开　　印张：17.25

印　　刷：三河市金兆印刷装订有限公司

版　　次：2016 年 10 月第 1 版　　印次：2025 年 1 月第 3 次印刷

书　　号：ISBN 978－7－81096－774－7

定　　价：198.00 元

中央音乐学院出版社　　北京市西城区鲍家街 43 号　　邮编：100031

发行部：（010）66418248　　　66415711（传真）

目　录

代序：写在林石城先生诞辰90周年之际

■ 章红艳

章红艳：中国当代杰出琵琶演奏家、教育家，中央音乐学院教授，民乐系副主任，曾任美国哥伦比亚大学访问学者。

章红艳毕业于中央音乐学院，获硕士学位，先后师从章时钧、孙维熙、林石城教授，是中国及世界乐坛最活跃和重要的演奏家与教育家之一。她首演了多部当代作曲家的作品，与众多指挥家及乐团合作，多次出演于纽约卡内基音乐厅、纽约林肯中心、柏林爱乐大厅、维也纳金色大厅、华盛顿肯尼迪艺术中心等世界顶级音乐厅。先后应邀于哥伦比亚大学、耶鲁大学、哈佛大学、香港城市大学、国家大剧院、北京大学、中国传媒大学等讲演。鉴于她为中国传统音乐所做出的杰出贡献，美国国会图书馆和美国国家民俗中心永久收藏她的唱片专辑《十面埋伏》，让全世界共同分享。

章红艳的成功不仅表现在此，而且还体现在其所教授的学生多人多次获得重要奖项，以及其对社会音乐教育的关注。章红艳秉承艺术至上的理念，以"且弹且谈"的方式，在国家大剧院及全球多个城市举行讲座式音乐会，推行高雅艺术及音乐厅文化，并开设全公益的"章红艳音乐文化讲堂"，在普及音乐文化知识及提升全民文化素养方面做出了突出贡献，是当代国内外乐坛备受赞誉的演奏家和享有盛名的国际音乐使者。

2012 年 11 月间，北京、台北接连举行了纪念林石城先生诞辰 90 周年的学术研讨和演出活动。我因是这一活动的发起人和组织者之一，事前忙于策划、协调、邀请，事间又陷入更为琐细的会务安排中，加上旅行和演出的准备，竟没有来得及想得更多。待到活动结束，尤其是学报约我写稿，才开始静下心来，从记忆中搜寻那些属于我印象中的、我所认识的林先生，在此把这些感受写出来，我想，这也就是我的纪念吧。

一

1978 年我考入中央音乐学院附小，因为年纪小，除了埋头练琴，完成学业，临到附中毕业才知道有个"林先生"。那时别的老师都是"老师"，我心想，为什么都称他为"先生"呢？大学时代，我曾在主课老师孙维熙教授的安排下，向林先生学习过一些曲目，也仅仅觉得他是一位和蔼的老先生。而我开始深入接触、熟知并师从林先生是在 1990 年。当时我被免试保送攻读本院硕士研究生，我的导师正是林石城教授。那时，我怀着一种强烈的愿望，就是希望自己在演奏之外获得更多的人文修养。如今回忆起来，在师从林石城先生的两年间，正是林先生的悉心教导，让我对琵琶及其传统有了认识，也正是在这两年间，林先生比较系统地向我传授了"浦东派"曲目及其演奏技巧。每一曲目，从曲谱的传承、演奏的技巧到作品的历史、背景、艺术风格，他都会一一讲述。那时我就强烈地感受到，

1997 年在台湾

林先生不仅是一位大师和传人，而且他本人就仿佛是一部琵琶音乐史，就是一份"活资料"。他的教学最大的特点是让你知其然并知其所以然。我想，不仅是我，对于中央音乐学院从事琵琶音乐教学，以至民乐系的老师们而言，林先生在历史知识和教学经验方面，可以说是老师们的老师。何况从年龄上说，他也是大家的前辈。虽然在行业之外，他并没有那么高的知名度，但在所谓"业内"，他一个人已足以堪称中国琵琶音乐的"重镇"！

研究生毕业后，我留校从事教学工作。而对林先生的"问学"似乎比学生时代更加频繁。无论遇到什么问题，无论遇到什么困惑，我总是习惯性地想到林先生。因为他总在校园里，

在台北讲学演出

见面、通话，总是近在咫尺。有时他会当即回答我的问题，有时他就说"我要查一查再告诉你"。他总不会忘记，总会通知我。可惜的是，他走了，带着他的丰富的学养和对后辈的殷切！天人永隔，我的"问学"也不复再有！屈指算来，我在林先生身边的时光，即使从研究生算起到他去世，也有 15 年之久。这次研讨会上，看到许多外地的朋友珍存着林先生的手书、信件，而我因为距离太近，反而一无所存，心里总是不免有些遗憾。但又一想，我能有幸作为他的研究生，作为他登堂入室的亲传弟子，并且在那么久的时间里受到他的关怀，不同样弥足珍贵吗？

二

11月25日，一场命名为"四弦千遍语"的纪念音乐会在台北市中山堂隆重举行。这对于我真的是"别有一番滋味在心头"。因为9年前也是在台北，林谷芳等台湾友人为祝贺林先生80华诞暨从艺66周年，举行了一场音乐会。那一次大陆方面除林先生本人外只有我一个人。还有香港、台湾方面的王梓静、赖秀绸等人。是夜，林先生身着深色长衫，在听众的热烈掌声中缓缓走出，演奏《十面埋伏》等曲。他"内敛、沉稳、拙朴；或情趣轻盈、神态盎然；或韵味深沉而归于平淡；或琴声铿锵如风起云涌，表现出他深厚的传统音乐功底和文化涵养"（林谷芳语）。而9年之后，仍是林谷芳先生主持其事，距林先生逝世已经7年！然而，本次呈现于台北的纪念音乐会，其出演阵容却异常强大，演出曲目亦充分体现"浦东派"的传承。那天晚上，音乐厅里悬挂着1988年林先生手书"四弦千遍语、一曲万重情"。主持人林谷芳先生一身素装，在贯穿首尾的话语中，评介了林石城先生的一生贡献。

纪念音乐会曲目分为"流派传承"（《思春》《十面埋伏》《夕阳箫鼓》《海青拿天鹅》）、"乐种移植"（《汉宫秋月》《三六》《出水莲》《陈杏元和番》《高山流水》《风霜雨雪》）、"自家风光"（《夕阳箫鼓》《龙船》《霸王卸甲》）三个板块，而出演的琵琶演奏家除了我以外，还有来自大陆、台湾地区和美国的吴蛮、曲文军、郝贻凡、李彤、赖秀绸、连珮如。那个夜晚，每一个出演者都怀抱着一腔真挚的情感和敬意，每一首作品也都饱含演奏者在准备过程中所付出的艰辛。整场音乐会被情感包围着，是演奏，更是思念和感恩。这样的氛围也演化为演出与听众的互动，听众同样感受到这一切，只是这一切都在音乐中进行，更有一种语言所无法表达的东西。林先生生前一直想开一场"浦东派"作品音乐会，这一次不仅实现了他的愿望，而且是一次难得的呈现。假如真有所谓在天之灵，林先生当感宽慰！

那天，我的曲目是《海青拿天鹅》。每次抱起琴，想要弹奏这首曲子，总会想起林先生。

三

"海青"是元代作品，是现存年代最古老的琵琶曲目，也是浦东派的"绝活"。因为技巧难度大，加之老先生的审慎和保守，多少有些神秘感，一般演奏者不敢问津。林先生也很少教授这一曲目。我在研究生时代曾试探性地问他能否学习"海青"，他回答说，先学会"并四弦"再说吧。我心里有些不服气，在课下反复试弹多次，觉得这个"并四弦"实在很难做到，也就不复再论。一次偶然的机会，我在视频上看到林先生演奏"海青"以及"并四弦"的慢动作，连看几次，心里豁然开朗，反复试奏，终于成功。我兴冲冲地去看林先生，"并"给他看，他很高

为吉林艺术学院题字

兴，于是开始给我讲授"海青"。从元、明诗人的章句，到蒙古贵族养鹰捕捉天鹅的习俗，从不同版本的传谱，到作品某一段落、某一乐句所描摹的情境……

我还记得，正是在"海青"的讲述中，林先生提出了"武曲文弹"的美学概念。所谓"武曲文弹"不是指所有武曲都要以文曲方式演奏，而是面对"海青"这样虽有大的叙事框架，但在时空和内容上相当悠远，相当虚拟的作品，演奏上不宜太噪，不宜太实，在其音色、响法（林先生语），应当借鉴文曲演奏中的细腻，讲究层次而富有变化。林先生说，"海青"不是《十面埋伏》，也不是《霸王卸甲》。他们所叙述的故事，一个在天上，一个在地上，距离感不同。林先生许多说法虽然很朴实，但是

1980 年照片

它会让你很容易找到感觉。"海青"演奏中"吟""揉""弦数变化""并四弦"等丰富技法，恰恰体现出"浦东派"特有的韵味。

"武曲文弹"之论，可以说是林先生的独到之见。它在所谓武曲、文曲的不同范畴之外，又勾画出一种新的、既非此亦非彼、你中有我、我中有你的艺术境界！

四

2012 年 11 月 22 日，纪念林石城先生诞辰 90 周年的学术研讨在中央音乐学院举行，我从心里感谢这次研讨会的四位主旨演讲人。王次炤院长的讲话首先表达了所有老师们共同的感受。林先生走了，但是林先生对于琵琶音乐教学的贡献，大到教学思想，小到一处考证、一处点拨，仍活在我们的教学工作中。袁静芳教授从琵琶专业教学、浦东派琵琶的传承和中国民族音乐新文化的继承和发展等不同视角，为我们勾画出林石城先生音乐生涯的全貌。林谷芳先生从浦东派传承入手，深入分析琵琶各流派的美学意蕴，别开生面，给了我们新的启发。乔建中先生以《鞠士林》和《养正轩》这两本琵琶谱为根本，让我们了解到林石城先生从1949年到1983年一直在致力于这两部文献的整理编译，他为什么如此执着；他为这两部文献的再次问世贡献了什么；以及在今天我们究竟应该如何重新评价琵琶流派，尤其是浦东派演奏技艺的价值；究竟应该如何评价林石城先生作为浦东派最后一位大师所具有的艺术地位。这些给了我们更多的思考。

感谢各位发言人，是他们的真知灼见与真情实感，让我更加认识到林石城先生的意义。

林先生是一位承前启后的大师。而这里所说的承前启后，不是一般意义上的、师傅与徒弟的，或流派传人的传承和衔接，而是指不同时代、不同音乐传承方式的转型。因他处在时代变迁的结点上，既是旧时代最后的大师，也是新时代最先的大师。

琵琶音乐在清代后期和民国初年曾经出现过流派纷呈的现象，而主要流派有浦东派、汪派、崇明派、平湖派。这些流派因地域、传谱、技法、艺术风格以及代表人物不同而构成不同的群体和传承谱系。流派纷呈，其长处在于多样性，各领风骚，传承有序；而其缺失则是地域的、人群的封闭性以及一定程度的排他性。这种情况在其他艺术门类（如京剧）中也同样存在，是那个时代的特定产物。假如没有西方现代音乐教育的进入，或者说整个"西学东渐"，这种格局可能仍会循着以往的轨迹向前发展。但事实是，随着几千年封建制度的瓦解，随着废旧学立新学，随着"五四"运动以及新中国的诞生，那个以"流派"为特色的呈现与传承方式被完全打破了！这种情况下，一些流派的代表人物随时代转型，融入学院式的现代音乐教育。林先生不是最早融入学院式音乐教育的流派传人，却是最早应邀北上，创立中央音乐学院民族音乐教育体系的先行者。毫无疑问，又因为中央音乐学院在我国民族音乐教育方面所处的重要地位，林先生的意义可想而知。

这里，个人境遇与时代变迁恰好相逢。对现代琵琶音乐教育而言，既然是中国的、民族的、琵琶的，就不可能无视于琵琶音乐的历史背景和美学特色。民族音乐的现代教育不可能离开以流派为代表的过往，或者说这个时代的变迁，不能离开林先生这样的人。反之，林先生能有今日，林石城之所以成为林石城，也得益于时代之需，得益于中央音乐学院民族音乐教育的开启。

林先生曾说，浦东派是"单传"。但他又主张应该对各流派要海纳百川、博采众长，并致力于走"大中华琵琶音乐学派"的艺术之路。从中可以看出他的渊源与志向。

六

说到流派，说到时代变迁，就自然想到传统。

而今，"传统"二字也许是重复率最高的词语之一，上下左右，都在讲传统。但是我发现，实际上"传统"既不是官方主流，也不是民间主流，更不是媒体主流。因此，传统之说，似如空洞的套语，说说而已，这恐怕是很悲哀的。我在"2011 章红艳音乐季"期间曾作过一次演讲。那一次，我极力主张传统音乐的重要地位，并且认为传统音乐是一切不同类型的音乐的出处和原动力。

曾经有人问我，传统在哪里？

我的看法是，虽然我们不能说琵琶音乐的传统即琵琶流派，因为还有其他民间的、戏曲的文化传统，但就我们可以看到、说到、触到的范围而言，完全可以说，琵琶流派作为一种丰富的历史文化遗产，无疑包含、体现着琵琶音乐最重要而宝贵的传统！

不同艺术的流派遗存，也有很大差异。对京剧而言，虽然有些曾经存在的流派，已经成为历史，但仍有一些流派活跃在当下，不但体现为剧目、风格，也体现为后继的代表人物及其群体。如以梅葆玖为代表的梅派、以李世济为代表的程派、以谭元寿为代表的谭派。相比之下，琵琶流派的"现存"方式则不在人物，而在传谱、技巧、风格以及音乐精神！当今的琵琶演奏家不再分别集合于某个流派的门庭之下，但这绝不意味着我们弃绝流派。相反，正因如此，所有的流派都将作为我们共同的遗产，共同的传统。从这个意义上说，我们的传统就在距离我们并不遥远的流派之中。我并不特别喜欢使用"遗产"一词，其原因是我觉得作为琵琶音乐传统的生动载体，它们不仅存在于博物馆式的保存中，也存在于我们的教学和实践中。它们是遗产，但它们仍然活着，仍然是当今的现实，是"活态传承"。正如诗的传承，是历史，也是现实。新的并不淘汰旧的，却在旧的基石上发生。现代诗、格律诗、古诗、诗经，不是同样活着吗？

我相信，一代又一代琵琶传人，他们都将活在代代相袭的传承中。"一灯传百灯，灯灯相传，其明不灭，是谓无尽灯"。林先生承前启后，当然是一盏明亮的，照亮自己也照亮他人的灯！

2005 年 12 月 6 日，家人和朋友正准备给我祝贺生日，我忽然接到电话，说林先生走了。急忙赶到医院，看到林先生静静地睡在那里，永远闭上了眼睛。

从那时起，每当我的生日，总是会想到林先生，因为那天正是他的祭日。7 年过去了，我仍然百思不得其解，不知是何原因，有这样的巧合，也许是真有所谓天意？我想，如果有，那也是在提醒我永远不要忘记琵琶，永远不要忘记林先生，永远不要忘记林先生的教诲。我想我也不会忘记！

图片中的回忆

50 年代在天津

50 年代在天津

1987 年赴日本演出后合影

1998 年 10 月 25 日与香港中乐团合作演出

林先生在上课

林先生在上课

林先生在上课

林先生在讲课   林先生在讲课

白继开拍摄的林先生

白继开拍摄的林先生

林先生在巴黎

80 年代照片

林先生与他的第一代学生李国魂、刘德海、叶绪然

60年代"文革"期间和前来上海家中探访的平湖派琵琶宗师杨少彝先生
和杨少彝先生的儿子杨毓荪的合影

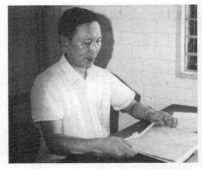 

60 年代照片   80 年代照片

1979年12月全国琵琶教学会议期间合影。从左至右：陈泽民、潘亚伯、邝宇忠、林石城、吴俊生、刘德海、程俊民，摄于四川省都江堰。这是中央音乐学院琵琶专业第一批学生。

在给小学生们指导

中央音乐学院院庆时和老教授们合影

林石城先生生平

林石城: (1922—2005年) 男, 汉族, 江苏省南汇人, 琵琶
演奏家。1956年后, 任中央音乐学院教授, 琵琶研究会会长,
著有《琵琶演奏法》。

生平简介

林石城，琵琶演奏家，江苏南汇（今属上海市）人。幼年随父学民族乐器，师承《养正轩琵琶谱》，继承了浦东派琵琶演奏风格。1941年毕业于中国医学院，后在上海行医。1956年后，任中央音乐学院教授，著有《琵琶演奏法》，编有《琵琶曲谱》《琵琶教学法》等。他是新中国民族音乐教育的奠基人，杰出的民族音乐教育家、理论家，著名琵琶演奏家、编曲作曲家，中国琵琶"浦东派"第六代宗师，中央音乐学院资深教授，中国音乐家协会表演艺术委员会委员、民族音乐委员会委员、琵琶研究会会长。

林石城先生因病医治无效，于2005年12月6日16时20分在北京逝世，享年83岁。

杏林步入乐坛

林石城先生1922年3月3日生于上海南汇区横沔镇西乡一个中医世家，同时也是精通琵琶演奏的音乐世家。6岁时他开始跟父亲学习演奏琵琶、二胡、三弦、扬琴、京胡、箫等乐器，12岁时已对江南丝竹著名的传统八大曲熟于心、吟于口，能与人合奏《欢乐歌》《慢三六》等乐曲。1941年，林石城先生在上海中国医学院毕业后，琵琶"浦东派"第五代宗师沈浩初先生收他作唯一的入室弟子，他也成为浦东派第六代正宗嫡派传人，尽得浦东派精华。同时在沈师的鼓励下，先后向"平湖派"吴梦飞先生、"崇明派"樊少云先生、"汪派"汪昱庭先生学习，与杨少彝、孙裕德等先生有着良好的琴谊，博采众长，卓然成家。

40年代，林石城先生已是江南琵琶名手，是"春秋集国乐社""上海国乐研究会""上海第一医学院国乐队"等社团的顾问或音乐指导，每周末都在广播电台作现场演奏。上海解放初期，他在上海市总工会成立大会上演出了由他创作的《学生操》，一时轰动。1948年，他改编了《婆媳相争》《秋思》，开始琵琶音乐创作，许多青年学子登门求艺，叶绪然、刘德海、李国魂等人是最早的一批学生。

名医转音乐教学

当时，林石城先生已是沪上名医，对中医、西医融会贯通，善治许多疑难杂症，尤擅妇科不孕症的治疗。傅雷、刘海粟等社会名流都长年找他看病，他收入颇丰，家道殷实。但林石城先生说，"好大夫千千万万，沈师的传人只有我一个，不能让浦东派从我手上断绝"，早就立下了"弃医从乐"的志向。1956年，中央音乐学院聘请他北上任教，他毅然关闭了自家诊所，从此将整个生命和全部身心都奉献给了琵琶，奉献给了中国民族音乐教育事业。

到中央音乐学院后，林石城先生是当时仅有的 4 位民乐教师之一，也是惟一的琵琶教师，独自承担起学院大学、中学、附小的全部琵琶教学工作，编制了《工尺谱常识》《琵琶演奏法》《琵琶曲谱》等各类教材。为了丰富琵琶教材，他刻苦学习各地民间音乐，并把它们改编成琵琶演奏谱，曾先后收集和编订了《滴水摆莲花》《渔家乐》《出水莲》等近百首民间乐曲，是有史以来系统编撰大专院校琵琶教材的第一人。

整合琵琶流派

林石城先生在 1958 年出版的《琵琶演奏法》中，首次从琵琶学视角客观介绍了除无锡、平湖、崇明、浦东四大琵琶流派外的其他 8 个不为人知的流派和 12 种不同风格的琵琶谱，还首次将以汪昱庭传谱为依据的演奏群体定名为"汪派"，沿用至今，是新中国系统总结研究传统琵琶流派体系的第一人。

林石城先生整理曲谱，编制新声，统一记谱法，将工尺谱、简谱整理为五线谱，是有史以来用五线谱为琵琶演奏记谱的第一人。他根据西洋音乐编写了适合琵琶演奏的 12 个调号的技巧与基础练习曲 150 首，同时试用西方作曲技术编写《彩云追月》《光明行》等琵琶谱，并创作了《海河之歌》《奔放》《捉迷藏》等现代琵琶曲，是新中国推动琵琶艺术与西洋音乐融会贯通的第一人。

林石城先生致力于提高琵琶制作水平，制定统一制作样式和标准，认为民族乐器的制作应该由演奏者和乐器制作者共同完成，并在这方面有精深的理论修养和丰富的制作实践经验，后来撰写了《琵琶制作》（与高占春合作）一书，是全国鉴定琵琶制作技艺的首屈一指的权威。

1958 年，林石城先生根据中央音乐学院的决定开设了江南丝竹合奏课。由于他精通琵琶、二胡、三弦、扬琴、京胡、箫等多种乐器的演奏，教学得心应手。他编写了十多种江南丝竹乐曲所用各种乐器的演奏谱，是我国民族器乐合奏专业教学的第一人。

桃李满天下

除叶绪然、刘德海、李国魂外，20 世纪 50 年代，他又培养了邝宇忠、陈泽民、吴俊生、程俊明、潘亚伯、李文英、徐正英、吴葆娟等学生，他们后来成为新中国琵琶艺术事业的中坚力量。没有林石城先生当时为往圣继绝学，中国的琵琶艺术事业将是另外一个局面。

在 20 世纪 50 年代末，林石城先生已经规划出比较系统完整的中国琵琶乃至民族音乐艺术的发展蓝图，年富力强的他本该进入事业的全盛期，但随着国家政治形势的恶化，他的事业经受了严峻的考验，生活也历经磨难。1960 年，他因所谓历史问题被停职审查，离开了教学岗位。1963 年，他举家迁回上海，生活日益困顿。为了维持生活，夫人朱绮华带着三女一子，搬过白菜，卖过白薯，扫过大街，刷过马桶，卖过冰棍，到实在难以为继时，朱绮华还多次卖血。在这样的艰难贫困中，林石城先生从未放弃对民族音乐艺术的追求，在赤贫之中忍着关节炎发作的剧痛，在极低劣的纸张上整理编撰先师沈浩初先生的《养正轩琵琶谱》，历经艰辛促成此书的出版，并将所得稿费全给了沈先生的遗孀。

整理古谱　改革教材

"文革"期间，林石城先生在极为艰苦的条件下，整理记写了《养正轩琵琶谱》《鞠士林琵琶谱》《陈子敬琵琶谱》等传统乐曲的演奏谱，进行了他人难以替代的抢救工作。他撰写了《中国曲式》《琵琶教学法》《琵琶练习曲》等初稿，编写或移植了《三六》《青春之舞》《苏武牧羊》《山丹丹开花红艳艳》舞剧《红色娘子军》《白毛女》选曲等；他还到广州音乐专科学校、四川音乐学院、上海音乐学校等院校任教，直到1979年，他回到北京中央音乐学院任教。

回校任教后，林石城先生又培养了林嘉庆、周丽娟、郝贻凡、曲文军、吴蛮、章红艳等海内外学生，桃李满天下。他整理出版了《琵琶三十课》《琵琶教学法》《嘈切杂谈——林石城教授琵琶文录》等多部著作，发表了数十篇论文，录制了《思春》《江南丝竹》《天下第一琵琶林石城》《左手指法吟》《林石城先生讲解示范琵琶十八首名曲》等数十种唱片和音像教材。1987年在首届海内外江南丝竹比赛中，他指导的中央音乐学院丝竹组荣获5项冠军。1992年，在第二届海内外江南丝竹比赛中，他指导的中央音乐学院丝竹组又荣获演奏奖第一名。

过了花甲之年的林石城先生，琵琶演奏技艺丝毫不减当年，更趋炉火纯青。1982年开始，他先后在武汉南方片专家示范音乐会、济南北方片专家示范音乐会、香港中国音乐节、神州艺术节、台湾地区专场、欧共体巡回演出、新加坡华乐节中多次展现精湛的演奏技艺，在美国、日本等地多次演出。年届80高龄，还参加了1998年北京音乐厅"谛观有情"音乐会，2001年上海桃花节音乐会，2001年宁波中国琵琶大赛闭幕式的演出，受到海内外赞誉。2003年春患病后，右手一度麻痹，他以常人难以想象的顽强毅力进行康复练习，又恢复了演奏水平，后来到台湾演出，同样获得了圆满成功。生命不息，弹奏不止，用他的话说，"如不能弹琴我愿死！"林石城先生曾荣获中国音乐金钟奖终身荣誉勋章和国家级教学成果奖，还多次荣获"优秀教师""园丁奖""表彰证书""荣誉奖""教书育人先进者""发扬文化奖""五十年积极贡献奖""杰出贡献奖"等，1991年起享受国务院首批颁发的"政府特殊津贴"。

林石城先生还受聘为中国老年人物研究会音乐研究所特邀研究员、中国南音学会理事，以及上海民族乐器一厂、北京民族乐器厂、中国珠海金声乐器厂、开封中原民族乐器有限公司、香港宏光国乐团、浙江江南丝竹社的顾问。

进取精神永存

在多年的教学实践中，林石城先生视传统为珍宝，视师承为根基，他不遗余力地收集整理传统琵琶曲谱，特别强调"原汁原味"，坚决反对任意改谱的不良风气。他在教学中对琵琶流派全面兼顾，融会贯通，打破了一门一派的局限，刘德海先生曾感慨地说，是林师的全面兼顾的良好教学让他逐步踏入琵琶之门。林石城先生是使琵琶艺术和民族音乐真正走向世界的领军人物，也是丝竹合奏专业教学的奠基人。

林石城先生既有高超的演奏技艺，广博的艺术修养和传统文化素养，全面的学科理论知识，一丝不苟的严谨学风，又有高尚的人品，超常的亲和力和号召力，海洋般宽广的胸怀，忍辱负重不计名利的精神境界。

林石城先生爱生如子，诲人不倦，平时沉默寡言，但给学生上课时总是不厌其烦，直到高龄还会针对学生的任何一个细小错误亲自示范，为学生的演出准备乐器。对自己的儿子林嘉庆，他却很少辅导，总是说，"你天天听，还用我亲自给你上课？"他有教无类，许多人登门拜访后就成为他的学生。学生们也对他无比爱戴和崇敬，在困难年月，叶绪然先生向他求学时，他不收取任何费用，叶绪然先生就在寒冷的冬天排队到深夜，买一包花生送给老师，作为报答。师生间浓厚的情谊，真是胜过了父子。

林石城先生毕生致力于创立区别于西洋音乐体系的中国民

族音乐体系，提出了"大中国琵琶学派"的美学理念，把它作为一生追求奋斗的目标。他的逝世，使中国琵琶艺术失去了一位泰斗，使中国民族音乐艺术失去了一代宗师，也使中国民族音乐教学事业失去了一个领军人物，令人惋惜和悲痛！但值得欣慰的是，纵观他的一生，他已经实现了在沈浩初先生临终时立下的誓言，将中国琵琶艺术和中国民族音乐发扬光大。同时，中国民族音乐教育已经形成了比较完备的教学体系，他的学生中人才辈出，粲若繁星，他的事业后继有人！

（以上材料引自"百度百科"）

林石城改编、创作的主要琵琶曲目

1948年整理《婆媳相争》，改编《秋思》；

1949年创作《青春之舞》《学生操》《空战歼敌》，编写《龙船》《三六》；

1952年整理《洛神曲》；

1957年改编《迎春舞曲》《彩云追月》《光明行》《老六板十段变奏曲》；

1963年改编《出水莲》《靠山》《新编夕阳箫鼓》《陈杏元和番、落院》；

1964年改编《山丹丹开花红艳艳》《白毛女舞剧》第一场，红色娘子军舞剧选曲《黎族舞曲》《军民联欢》《女战士射击舞》等；

1986 年编写《春江花月夜》琵琶古筝合奏谱；

1990 年编写《到春来》二部曲谱；

1994 年创作《秋胡行》；

1996 年编写《行街四合》二部曲谱，创作《天福颂》琵琶独奏曲谱（后由王甫建写成民乐合奏曲）。

林石城录制的唱片、盒带、CD、VCD专辑

1980 年为中国唱片社录制唱片四张：BM-10611、10612、BM-01031、M-2737；

1981 年香港南国唱片公司出版：《思春》唱片，片号：BM-01031，M-2737；百利唱片公司出版《思春》盒带 NS-90；

1983 年人民音乐出版社录制《琵琶三十课》（与林嘉庆合录）盒带两盒，华彩 8026-J002；《养正轩琵琶谱》盒带两盒，黄河 8026-L006，华彩 8026-L0014；《江南丝竹》（与陈永禄、陆春岭合奏）盒带两盒，黄河 8026-L007、华彩 8026-L008；

1983 年为太平洋影音公司录制盒带一盒；

1984 年香港丽风唱片公司录制盒带一盒，AK1512-NT>120；

1985 年北京音响出版社录制《月儿高》盒带一盒，YY-4006；

1987 年新加坡亿元录音公司录制盒带《林石城琵琶独奏》一盒，3-01，STEREO；

1989 年上海音像公司录制盒带两盒，YAI-3、YAI-4；

1990 年摇篮公司出版《天下第一琵琶林石城》盒带、CD 各一种；

1983 年中央音乐学院电教科录制教学录像片，《十面埋伏》《海青拿天鹅》《左手指法吟》；

1993 年法国国家电台录制 CD 一张，OCORA C560046 CD，并获金奖；

1994 年由中国教育电视台录制《天下第一琵琶林石城》电视片，由中央电视台播出；

1996 年中央电视台"纵艺走廊"录制《一代琵琶宗师林石城谈琵琶》一小时录像片，由中央电视台播出；

1992 年、1996 年为中国龙音响公司录制 CD 两盒，《十面埋伏》《春江花月夜》；

1998 年为中央音乐学院环球音像出版社录制了《林石城先生讲解示范琵琶十八首名曲》VCD 5 张；

1983 年为中央人民广播电台录制《用年华谱成美妙的琴声》一小时；

2001 年为人民音乐出版社录制《琵琶三十课教学》VCD 5 张（与林嘉庆合录）。

林石城著作和整理的书谱

1.《琵琶曲谱》（五线谱），1959 年音乐出版社，1974 年香港信成书局盗版发行，64 面；

2.《琵琶演奏法》，1959 年音乐出版社出版，16 万字；

3.《工尺谱常识》，1959 年音乐出版社出版，4 万字；

4.《民族乐队乐器法》（琵琶部分），1963 年音乐出版社出版，21 面；

5.《琵琶教材》，1958 年中央音乐学院教材科印，96 面；

6.《琵琶三十课》，1982 年人民音乐出版社出版，137 面；

7.《鞠士林琵琶谱》，1983 年人民音乐出版社出版，155 面，林石城抄写并译谱；

8.《琵琶基本指法练习》，1982 年中央音乐学院教材科印，61 面；

9.《养正轩琵琶谱》，1983 年人民音乐出版社出版，124 面（五线谱）；

10.《琵琶练习教材》，1984 年中央音乐学院教材科印，61 面；

11.《琵琶制作》，1982 年起由《乐器》连载（与高占春合写），27 面；

12.《林石城琵琶曲线》，1986 年香港上海书局出版，199面；

13.《琵琶教学法》，1989 年上海音乐出版社出版，237 面；

14.《琵琶练习曲选》200 首，1990 年人民音乐出版社出版，218 面；

15.《琵琶初、中、高级教材》，1992 年中央音乐学院教材科印（五线谱），203 面；

16.《林石城琵琶曲选集第二册》，摇篮文化事业有限公司出版，206 面；

17.《嘈切杂谈、林石城教授琵琶文录》，学艺出版社出版，286 面；

18.《江南丝竹名曲合奏总谱》，1998 年香港上海书局出版，234 面；

19.《琵琶教材》，1998 年中国文联出版公司出版，264 面；

20.《琵琶名曲选浅说》，1999 年人民音乐出版社出版，175 面；

21.《琵琶考级曲目详解》，1999 年起《小演奏家》连载。

林石城先生对琵琶专业教学的杰出贡献

■ 王次炤

王次炤：男，教授，博士生导师。1949年10月出生，浙江杭州人。1983年毕业于中央音乐学院并留校任教。1992年任中央音乐学院副院长，主管教学、科研工作。1998年任院长兼党委书记，主持学院党政工作。2002—2015年，任中央音乐学院院长，兼任全国政协委员兼教科文卫体委员会委员、中国音乐家协会副主席兼理论委员会主任《人民音乐》主编、全国高等学校艺术类专业教学指导委员会主任、全国艺术硕士教育指导委员会副主任、萧友梅音乐教育促进会长、中国数字化音乐教育学会会长、中国音乐评论学会会长、北京音乐家协会副主席等职。

被称为中国琵琶艺术界一代宗师的林石城教授，为中国的琵琶事业贡献出自己毕生的精力。他的主要贡献在于：整理和总结中国传统琵琶艺术，开创中国专业琵琶教学，总结和发展琵琶演奏技术，建立系统完整的专业琵琶教学体系，提倡尊重传统的学术态度和与时俱进的创新精神，倡导尊师重德、教书育人的学风，培养出一批杰出的琵琶演奏家和教育家。

林石城先生的教育思想是和教育实践结合在一起的，他认为基础训练和建立牢固的传统意识是琵琶教学的基础；深入了解传统文化和坚持审美思考是琵琶教学的灵魂；开拓创新和勇于革新是琵琶教学的最终目的。

林先生的艺术成就和教育思想一直影响着中国乃至全世界琵琶艺术和民族音乐的建设和发展，他不愧为中国琵琶音乐的泰斗。

一、继承琵琶流派的传统，建立专业琵琶教学体系

林石城先生在他的回忆录 [1] 中提到，20 世纪 50 年代初期他由杨荫浏和曹安和两位先生介绍到中央音乐学院任教。他到学校任教后所做的第一件事情，就是对各个流派的琵琶艺术做整理。首先是学习各个流派的技艺和风格。我们知道林先生是浦东派的传人，他直接师承于浦东派第四代传人沈浩初先生。同时，我们从林先生的回忆录和撰写的文章中了解到，他早年还拜师于平湖派大师吴梦飞先生和崇明派大师樊少云先生。此

1982 年全国民族乐器观摩演出合影

外，还请教于汪派大师汪昱庭先生。林先生在文中说到，在与
各流派大师请教的过程中，"使自己能多年亲身接触并感受到
每个流派之所以能让后人尊称流派的原因所在，同时也获知某
些有关琵琶方面的历史资料"[2]。可见，林先生对琵琶艺术把
握的精深程度是来自他向大师的学习和用心。从林先生的回忆
录中可以看出，他不仅从前辈那里学到了技术和知识，而且还
从他们那里学到学术胸怀和艺术精神。林先生说，1929 年后
"沈、吴、樊三位浦东、平湖、崇明派代表人每隔数月，先写信
商定日期，经常到惠中旅社见面欢聚，直至战乱为止"[3]。可
见，琵琶艺术界从早期开始就树立了各派相互交流，相互学习
的好风气，这也正是当时林先生能够师从多位不同流派大师的

1990年在珠海成立中国音协琵琶研究会时，日本普门义则先生介绍日本琵琶（潘亚伯摄）

前提。假如各流派之间相互排斥、互不往来，当年的林先生也不可能如此受益。对照前人，当今琵琶界更应该相互团结、相互尊重、同商技艺、携手共进。林先生在回忆录中记叙了一段关于吴梦飞先生的故事。他说，由于吴先生是沈浩初先生的好友，沈先生病故后他经常向吴梦飞先生求教。1957年林先生到上海招生时，到吴先生家请他录音。当时吴先生已是77岁高龄，手指功夫已明显退步，轮指已不均匀，只能用"滚"来代替，"滚指"也只能作慢速的弹跳。两手的配合也常有错误。林先生写道："吴老对弹错之处都一一向我说明，并无丝毫虚假。对平湖派各种特有的指法如'挂弦轮''圈轮''三角马蹄轮'的具体演奏方法都做了示范与介绍。吴老对琵琶艺术认真负责的态度，引为琵琶界的美传，成为后学者的榜样。"[3] 林先生在这里虽然记叙的是吴梦飞先生的艺术态度，但数十年过去了，林先生依然牢记它，这正说明林先生从琵琶前辈那里学到的不仅是技艺、风格和学问，也同样学习他们高尚的人格和崇高的艺术精神。所以，继承的含义并不仅仅限于行为、形式或形态，更多的是一种内涵或一种精神。写到这里，不禁使我想起林先生的关门弟子章红艳。近年来，面对音乐界甚为盛行的假唱假奏等虚假的艺术行为，章红艳一直牢牢把握着自己的舞台，为捍卫艺术的真实性和坚持学术道德而努力。章红艳用舞台实践和文学语言满怀深情地向每个听众表达了自己坚定的立场："有瑕疵的真实永远胜过虚假的完美。"章红艳对艺术真实的追求也体现了她的恩师林石城先生所赞美和倡导的艺术精神。

林石城先生之所以有如此深厚的学养和精深的技艺是与他长期向各流派大师虚心学习密不可分的。他在教学体会中写道："在当面聆听观看各派传人的演奏并时时好学多问中，对各流派的精华神韵、风格特点有所了解，得益良多。这些，与我后来为琵琶艺术踏踏实实工作一辈子、在琵琶艺术方面所获得的点滴成就，都有着极大的关系。"[2] 林先生到中央音乐学院之前已经积累了丰富的琵琶艺术传统，无论是技艺还是风格，或是大师的艺德和人品，他都把它们带到了琵琶专业音乐教育领域，并融入到具体的教学工作之中。为了使琵琶教学专业化和系统化，林先生白手起家，在没有任何范本的情况下编订了中央音乐学院琵琶教学大纲，这是中国第一份专业琵琶教学大纲。它对后来我国琵琶教学的建设和发展起到了不可替代的重要作用。林先生认为，作为专业琵琶教学，光有传统的内容是不够的，应该要有时代感。当时的琵琶教学大纲中，几乎全部是传统乐曲。为了丰富教学大纲的内容，林先生不仅自己着手琵琶乐曲创作，还鼓励学生参与创作。他回忆说，这些早年的学生当年都创作了不少作品，一直到今天还坚持琵琶创作，以至他们都成为琵琶界作曲的主要力量。

林先生在琵琶教学中还十分重视借鉴西方音乐，他把西方音乐大小调体系的内容纳入到琵琶教学的大纲之中。20 世纪 50年代初，他编写了 12 个调号的技术练习曲 150 条，还将西方的和声理论融入到琵琶练习曲中，包括各种和弦的弹奏以及和弦连接等等。琵琶演奏和弦，现在看起来是司空见惯的事，但是在当年，当琵琶刚刚进入专业音乐教育领域的时候，这可是一个了不起的创新。琵琶本身是一件多声乐器，但传统琵琶曲中的多声仅仅是一种声音的辅助，用西方和声的概念来设计琵琶演奏在当时来说应该是一个创举。

在我国专业琵琶教学史上，林先生不仅编写了第一份教学大纲，还编写了第一本专业琵琶教材。同时，他也是首先将琵琶乐谱翻译成五线谱并予以出版的琵琶教育家。1956 年林先生编写出版了第一本五线谱的《琵琶曲谱》，1958 年编写了第一本《琵琶教材》，1959 年音乐出版社出版了由他编写的第一本《琵

1997 年香港回归祖国前在台北

琶演奏法》[4]，1962 年林先生又编写了《琵琶指法练习》，在中央音乐学院油印发行作为教材。"文革"以后，1982 年这本教材又重新在学校油印发行。1984 年林先生又编写了《琵琶练习教材》在学校内部油印发行。直到 1998 年中国文联出版社才正式出版了他的《琵琶教材》[5]。他的三本琵琶教材，一本比一本充实，而且既充满着历史感又有当代意识，这应该是他多年来对琵琶艺术和琵琶教学经验的积累。此外，1990 年人民音乐出版社出版了由他编写的《琵琶练习曲选》[6]，1992 年中央音乐学院教材科内部油印发行了他编写的《琵琶初、中、高级教材》以及后来为中央音乐学院海内外音乐考级编写琵琶考级教材等等。特别值得一提的是，林先生在对传统琵琶流派总结

1997 年在新加坡

的基础上，整理出版了《鞠士林琵琶谱》（1984）和以五线谱形
式出版了《养正轩琵琶谱》（1983）。

二、总结琵琶艺术的教学规律，
思考专业音乐的教育思想

林先生的琵琶教学是建立在理论与实践相结合的基础之上
的。他的教学方法简练而实用。他反对空头理论，注重示范教
学，并总结出一套简明扼要的教学规律留给后人。首先，林先
生认为基本功训练很重要，它需要通过一个科学的途径去完成，
而不是简单的刻苦训练。他总结了基本功训练的几条诀窍。第
一，他认为初学者要拜名师以免走弯路。他说："学习琵琶的启

蒙老师非常重要。初学时对琵琶左右手基本指法的练习方法如果是错误的，既做不到前辈们能做到的或强或弱、或柔和或坚实的演奏效果，还会养成不符合每个指法应有的音响效果的习惯。一经养成了错误的演奏方法，想要改，就难了。"[2] 第二，林先生特别强调在基本功训练的环节，老师一定要正确做示范，不能只动嘴不动手地去教。林先生为此曾批评过一些不做示范的教师，认为这是不称职的教师。为此，林先生对琵琶教师的要求也十分严格，他要求青年教师一定要首先是一名基本功扎实的演奏家。从他自己的实践来看，林先生80高龄时在舞台上的演奏仍然熠熠发光。他在教学过程中的示范作用影响了一代琵琶演奏家，并使他们终身受益。第三，林先生认为基本功训练应该循序渐进，而且要通过听觉感知的提高来把握好基本功。林先生在文中写道："没能做到轮、滚一条弦的应有发音效果时，不可能练好轮、滚二条弦。没能练好轮、滚二条弦应有发音效果要求时，不可能练好轮、滚四条弦。鉴别是否练好这些指法的方法，是用耳朵去听他们的发音效果，不是用嘴去说各种众多的演奏方法。"[7] 第四，林先生根据多年的教学经验，一方面认为基本功训练应该循序渐进；另一方面又认为在练习一种指法时，应该从难做起。他说："练习基本指法，要把难度最高的方法先练好。例如：弹挑、滚，宜把音量最强、音色最坚实、速度最快的方法先练好。然后再练在快速进行时音量最弱的稍难的演奏方法。最后再练音量中等、速度中庸的较为容易的演奏方法。"[2] 最后，林先生总结出基本功练习的十六字诀窍：从慢练起、随时检验、从难从严、各个击破。[2] 这里，我特别要强调的是，林先生对基本功训练诀窍的总结，是出于他长期的教学实践经验，有些看起来是矛盾的地方恰恰是最精华的观点。比如，他一方面强调基本功训练要循序渐进，另一方面在对待某种指法训练时又强调要从难做起，这些都是他数十年来的经验积累，十分宝贵。

　　除了对基本功训练方法的总结以外，林先生对流派风格的学习途径也做了几点总结。第一，他认为必须有名师的指点和传授，找各派正宗的嫡派名师学习十分重要。他说："想学到真正的传统技法和地道的传统乐曲，还须找各派正宗嫡派名师才行。"[2] 林先生当年正是从各派嫡系名师的面授中学到了正宗的关于流派和风格的知识。第二，林先生认为对传统琵琶各流派的继承，首先要学好那些既有乐谱又有录音的曲子。他说："各派已出版有乐谱，或还有录音的，后学者首先宜虚心地去学好它，不宜按照自己的认为或习惯，有意或无意地去改造它。"[2] 林先生认为前人留下的录音是非常宝贵的，只有不折不扣地学好它才能真正掌握好传统风格，这是每一名学生必须严格做好的学习环节。第三，对于那些大量的只有原谱没有演奏谱的乐曲，则需要做整理和加工的工作。但是在做整理加工之前，一定要"多多弹奏那个时代的有演奏谱的古曲，对那个时代的习惯用音有所了解，使整理出来的演奏谱不至于'古曲现代化'"[2]。林先生曾经谈起过，把传统的东西变成现代化的形态，也许作为流行音乐可以这么做；但是作为专业音乐教育，在这个体系中必须要保存古谱的原意，保持它原有的形态和韵味。林先生十分强调古曲的曲意和意境，重视对古曲题解的分析和研究。他认为：对待古曲"须探索其曲题意义，使加工后的奏效，能够反映出时代的意蕴与曲调情趣"[2]。林先生对传统艺术的认真态度，永远值得后辈学习。

林先生不仅为专业琵琶教学总结出了训练方法和对传统乐曲的学习途径，而且还为高等艺术院校的琵琶教学确立了先进的教育思想。首先，林先生认为基础训练和建立牢固的传统意识是琵琶教学的基础，尤其是基本功训练，是基础中的基础。他在文中说道："尽管指法从属于表演，但如演奏者音乐修养极好，表演艺术的理论研究得很多，假使他的某些基本指法没能做到应有的发音效果要求时，不可能奏出乐曲应有的曲趣和神韵，只是'眼高手低'、心有余而力不足而已。"[7]他还说："艺术修养再好，对乐曲情趣理解得再透，如果没能把各种指法练好，也是无法把乐曲应有的内容意境表现出来。"[2]林先生也很重视对传统乐曲的学习，并认为学习传统乐曲一定"要学得地道，不要偷工减料地学"。同时还认为，对传统乐曲的加工也要"根据每首乐曲的曲趣，在各自的艺术趣味和美学观点下所做的加工"[8]。

其次，林先生认为，深入了解传统文化和坚持审美思考是琵琶教学的灵魂。他曾经多次和我谈到琵琶教学中的学术问题，他认为琵琶教学应该包括对传统文化的传授，尤其是传统琵琶曲，大多都有其丰富的文化内涵和诞生的背景。作为教师，应该认真研究与作品有关的历史文化资料，并把这些知识传授给学生。同时，林先生认为教师也需要与学生一起探讨乐曲背后的文化内涵，不仅教学相长，也以此养成学生重视文化思考的学习习惯。记得 20 世纪末，林先生经常给我电话，要找我谈谈关于琵琶教学的问题，只要有时间我一定去他在学校 7 号楼的住所。林先生多次感叹道：现时的琵琶教师不重视自身文化素养的提高，一味追求技术和外在的表演，这将会影响琵琶艺术未来的发展。林先生还十分重视琵琶教学中的审美思考，他认为对从事琵琶表演的学生来说，很重要的是培养他们的音乐听觉审美能力；音乐审美判断能力的提高，又必须从听觉着手。所以，林先生说"必须学会辨听发音效果"，教师"要教会学生听辨音高的能力"[7]。他认为，缺乏听觉审美判断能力的学生，他的手指机能再好也不可能弹出好的音乐来。林先生的论文《琵琶指法与表演之窥见》第一部分的标题就是："指法——以发音效果为准。"[7] 很明显，林先生在这里坚持技法训练应该建立在对听觉审美的把握基础之上。也就是说，当你运用指法去表现的时候，必须以实际的发音效果为准，来判断你的手指肌肉运动是否准确。技巧的把握不是体现在肌肉运动和手指机能之上，而是体现在发音效果之中。由于林先生在教学中十分重视对学生听觉审美能力的培养，他的学生也因此受益，在舞台上体现出与众不同的艺术表现。章红艳也曾经对我说过：在舞台上，演奏者应该比听众先听到自己演奏的声音。我想，她的这个认识也许正是受到林先生教学理念的影响而得来的。此外，林先生也十分重视琵琶演奏中对曲情的把握。他认为："能够把乐曲的内在感情在演奏中倾泻出来，能使听的人产生共鸣，这样的演奏才能说是奏出了乐曲的神韵。"[9] 可见，林先生把对曲情的表现提高到审美的高度。他十分重视琵琶演奏中的"神韵"，他在《试谈阿炳三首琵琶曲的演奏艺术》一文中对"神韵"作了如下解释："能够把乐曲的内在感情在演奏中倾泻出来，能使听的人产生共鸣，这样的演奏才能说是奏出了乐曲的神韵。"他认为阿炳的演奏是"功夫"和"神韵"的完美结合，并认为阿炳"把功夫（指技术、基本功）为神韵（指表现力）服务"，值得后人学习。[9] 林先生始终把"功夫"和"神韵"看作是琵琶演奏两个不可缺少的条件，并认为只有从"曲题"内容出发，才谈得上有"神韵"。他说："如果演奏技法的功夫很好，在演奏中不从曲题的内容出发，这就成为离开了曲题意义的演奏，甚至是技术的堆砌，失去了乐曲应有的神韵。因此，功夫与神韵对演奏者来说，都不能缺少，都要讲究。"[10]

林石城先生的琵琶教育思想还体现在，把开拓创新和勇于实践看作是琵琶教学的最终目的。林先生曾经多次与我谈到，作为专业琵琶教学的教育工作者，不仅要继承好传统的精华，还要为后人留下当代的印记。林先生十分强调琵琶新作的创作，他说："时代在前进，事物在发展，琵琶艺术也在发展。我们要写新题材的新作品，这也是琵琶专业教育工作者的任务之一。"[8] "假如我们不搞发展和创新，只满足于传统乐曲，等于把现代人硬拉回到古代人的生活中去。"[8] 林先生从 20 世纪 40 年代末开始创作和改编琵琶新曲，直至 1996 年创作最后一部琵琶曲《天福颂》，历时近 50 年，创作和改编了数十首作品。林先生用自己的创作实践了他的教育思想。他从 20 世纪 50 年代初到中央音乐学院任教以来，就一直向学生灌输"创作"和"创新"的理念，他的许多学生也都成为新中国琵琶创作的重要力量。林先生认为"革新"是在原有的基础上的"改革"，它是把"过去有的""但不够完美的"通过改革之后使其超过原有的艺术效果。林先生认为"革新"必须在对传统充分了解的基础上才能实施，他说："没有实际体会，请别先对传统指法的演奏及其训练方法评头品足、说三道四，更谈不上去'革新'了。"[8] 对改革后的演奏方法，仍"必须经过演奏，听效果，再与原有的传统奏法从实际效果中作比较，如果确已超过了原有的方法，才是真正的革新"[8]。林先生也对创新作了分析和论述，他认为"'创新'是指过去没有的，但为了更好地表达某一事物或某一情趣，研究一种新的技法或闯出一条新路子，同时在实践中行之有效的"。他认为"创新"也同样"首先必须懂得"传统，"然后再去借鉴它们"[8]。

三、提倡尊师重德和教书育人，
保持奉献精神和培养人才

林先生的教书育人是建立在尊师重德之基础上的，而他的人才培养又是建立在奉献精神基础上的。林先生既是一名十分敬业的教师，又是一名品德高尚的学者。他用自己的切身体会教育学生要尊敬师长。他曾经对我说，每当他想起自己最初的老师沈浩初先生和当年几位请教过他们的大师的时候，都有一种崇敬感，这些往事使他永远不能忘怀。同时，当他在整理、研究这些大师或者流派作品的时候，总是带有百分之百的尊重传统艺术的态度去对待它们。林先生说，在对待前辈和传统的问题上，他绝对不会是以我为中心的。为此，林先生也曾非常感慨地对我说："真希望学校的年轻教师能真正做到尊师重德，只有首先做到这一点才谈得上教书育人。"林先生在《流派·乐德·发展》一文中，回忆了几段与前人相处的故事，他说："从他们的言行中体会到人品和乐德。"[8] 林先生不仅从前辈那里学到了作为艺术家应有的品德和人格，同时也通过身体力行教育他的学生。

林先生在琵琶教学岗位上耕耘50多年，为中国专业琵琶教学体系的建立和发展做出了杰出的贡献。在这50多年里，他始终作为中央音乐学院的教授为学校的学术建设和人才培养付出了毕生的精力。林先生在工作上首先是无私的，这不仅体现在他的奉献精神上，还体现在他向学生传授知识和技能上。在我的印象中林先生是一位不计较物质利益的知识分子。我和他接触比较多的是1992年担任副院长以后，由于工作原因我曾多次向他请教关于民族音乐教学和琵琶教学问题，也曾请他写过不少有关的文章，每次他都欣然接受并且非常认真地为我提供意见和资料。

1993年，中央音乐学院成立海内外业余音乐考级委员会，琵琶被列为首批考级项目。我去林先生家请他担任琵琶考级教材主编，他说："只要是学校的事，我一定都会全力做好。"林先生不仅主编了琵琶各级的考级教材，后来还陆续在《小演奏家》上连载《琵琶考级曲目详解》(2002、2003)。据方季年老师回忆，林先生虽然年事已高，但他仍然积极参与考级评委工作，还多次到新加坡、马来西亚和香港等地担任评委。当我提到林先生的时候，方老师感慨地说："林先生把毕生精力都投入到琵琶事业之中，他一生虽然只做一件事，但却十分伟大。中央音乐学院也正是因为有一批像林先生那样一辈子勤勤恳恳做好一件事的教授，才有今天学术繁荣的局面。"林先生在工作上从不计较个人利益，他那无私的精神永远值得大家学习！林先生在教学上更是无私，他把自己长年积累的知识和经验毫无保留地传授给学生。记得他曾经跟我说过："音乐界有些人总是把自己掌握的技能和经验留一手，这是一种低俗的习气。作为高等学校的教师，应该无条件地把自己懂得的东西传授给学生，只有这样，艺术才会不断进步，事业才会不断发展。"林先生非常痛恨演艺界某些相互拆台、相互嫉妒的坏习气，他不仅在教案、教材、方法等方面为中国专业琵琶教学事业奠定了基础，而且在把琵琶艺术引入高等教育殿堂的过程中，从学风、艺德、人格等方面为民族音乐的高等教育创建和开启了一个健康而高格调的学术环境。

参考文献：

[1] 林石城（林嘉庆整理）《我的琵琶历程（上）》。乐器，2011（6）：76—79。

[2] 林石城《琵琶教学五十多年来之点滴感想》。中央音乐学院学报，1997（4）：35—40。

[3] 林石城文（林嘉庆整理）《我的琵琶历程（续二）》。乐器，2011（10）：74—77。

[4] 林石城（编著）《琵琶演奏法》。北京：音乐出版社，1959。

[5] 林石城（编著）《琵琶教材》。北京：中国文联出版社，1998。

[6] 林石城（编）《琵琶练习曲选》。北京：人民音乐出版社，1990。

[7] 林石城《琵琶指法与表演之窥见》。中央音乐学院学报，1996（1）：26—33。

[8] 林石城《流派·乐德·发展——琵琶教学漫谈》。中央音乐学院学报，1990（1）：61—67。

[9] 林石城《试谈阿炳三首琵琶曲的演奏艺术》。广州音乐学院学报，1983（4）：77—81。

[10] 林石城《论〈大浪淘沙〉与〈昭君出塞〉的练演艺术》。乐府新声，1986（2）：22—27。

中国当代琵琶专业教学的奠基人

——纪念林石城先生诞辰 90 周年

■ 袁静芳

袁静芳：1936 年生，湖南省岳阳县人。1961 年毕业于中央音乐学院。曾任中央音乐学院音乐学系系主任、中央音乐学院现代远程音乐教育学院院长，现任佛教音乐文化研究中心主任。兼任中国音乐家协会理论委员会副主任、中国传统音乐学会副会长、《中国民族民间器乐曲集成》副主编等职。

代表论著有《民族器乐》（1992 年获首届文化部直属艺术院校优秀专业教材奖二等奖，1994 年获国家教委优秀科研成果奖二等奖），《中国佛教京音乐研究》（1999 年获文化部第一届文化艺术科学优秀成果奖二等奖），《河北巨鹿道教法事音乐》，《乐种学》（2000 年获北京市第六届哲学社会科学优秀成果奖一等奖），《中国传统音乐概论》（主编，2002 年获教育部普通高等学校优秀教材奖二等奖），《中国传统器乐》（电子版，2004 获北京市精品课程及国家精品课程称号）等多部。

主要学术论文与文章一百余篇。1992 年获中华人民共和国国务院颁发的"为文化艺术事业做出突出贡献的政府特殊津贴证书"；1995 年被北京市人民政府授予"北京市优秀教师称号"；1997 年获"杨雪兰音乐教育奖"；1999 年获文化部"区永熙优秀音乐教育奖"；2002 年获"宝钢优秀教学奖"；2004 年获中央音乐学院优秀教师奖。

在我国著名的琵琶演奏家、杰出的民族音乐教育家、中国琵琶浦东派第六代传人林石城先生诞辰 90 周年学术活动之际，谈一点我的感受，这真是一次很难得的机缘。林石城先生（1922—2005）在中央音乐学院教学 50 余年，这是他为中国当代琵琶专业教学的开创与奠基、为中国民族音乐文化事业的建设和发展辛勤耕耘的 50 年，广采博纳的 50 年，顽强奋斗的 50 年，不断创新的 50 年。这次纪念活动使我们学生辈的人能够静下心来回忆历史，总结经验，使我们先辈的奋斗成果和宝贵经验不至于从我们这一辈人手中忘却与流失。林先生这 50 年的教学工作，硕果累累，成绩斐然，得到国家、社会和学术界的公认。他多次荣获"优秀教师""发扬文化奖""杰出贡献奖"等称号和奖励。其中获得的两个最高奖励，一个是中国音乐家协会颁发的"中国音乐金钟奖——终身成就荣誉奖"；另一个是教育部颁发的国家级的优秀教学成果奖。在此对林先生奋斗经历的重温与总结，是我一次很难得的学习机会。

1956 年是一个非常难忘的年份，这一年 9 月中央音乐学院成立了民族音乐系。正是在这一年，林石城先生被聘请到中央音乐学院来任教；也正好在这一年，我考上了中央音乐学院民族音乐系。我们同时来到音乐学院，他是老师，我是学生。学生包括上一两届的民族音乐专业（建系前，他们被安排在管弦系学习）约 20 余名，所学专业有二胡、琵琶、古琴、古筝、笛子、唢呐等。建系时聘用的在职专业教师主要来自三个方面：一是

参加中央音乐学院在香港举办的中乐等级考试的新闻发布会

来源于从事专业音乐工作的人员，如陈振铎、储师竹、蓝玉崧等；二是来源于社会各阶层的知识分子，如林石城、吴景略、丁珰等；三是来源于民间的音乐家，如杨元亨、曹东扶、刘汉臣、赵春峰等。另外，还聘用了一批在社会上享有盛誉的音乐家，如管平湖、蒋风之、李廷松、冯子存等任兼课教师。这个教师队伍的成员资历都是很深厚的，学术上的特点是多元化的，每位教师的音乐经历、文化背景、艺术修养都不尽相同，因此，在教学上也是各据一方，各显其能。他们沿袭的主要是中国传统音乐中师徒传授的教学方法，或是借鉴学院管弦系对西方乐器传授技艺的模式。

总的来讲，建系初期，这些教师们虽然都身怀绝技，艺术

参加 2001 年于宁波举行的"澳美通"杯琵琶大赛

上获得了很高的成就，但都缺乏对中国现代民族音乐专业教学体系建设与特征把握的深层认识，以及具体实施的步骤与方法。第一个吃螃蟹的人是勇敢的，因为他们富于追求与牺牲的精神；第一批踏路的人是艰苦的，因为他们忠诚于自己的信仰与事业，富于顽强的奋斗精神。对中国现代民族音乐演奏专业教学体系的探索与实践，开拓与创造，这一重担就历史地落在了我们先辈的肩上。

林石城先生教学与艺术实践 50 余年，他坚守信念、广采博纳、积极求索、不畏挫折、持之以恒，用他全部心血奋斗终生，为中国当代琵琶专业教学的开创与奠基踏出了一条坚实的大道。他的成就是突出的。他的实践与创造，归总起来主要表现在三个方面。

一、开创了中国当代琵琶专业教学的 教学训练体系

1. 注重基础训练，强调技巧训练与琵琶艺术、文化修养的 整体关系

基础训练是体现林先生琵琶教学思想与行为的主要内容。50 余年来的教学实践，他将琵琶基础训练方面的心得与经验，先后撰写了 10 余部教材。具有代表性的有 1959 年音乐出版社出版的《琵琶演奏法》，1982 年人民音乐出版社出版的《琵琶三十课》，1989 年上海音乐出版社出版的《琵琶教学法》，以及 1990 年人民音乐出版社出版的《琵琶练习曲（200 首）》等。

林先生编写的这些基础性教材有什么新意与特点呢？

首先，林先生强调了在琵琶基础训练中，应注重与琵琶整体艺术相关联的知识与人文历史背景的学习，如琵琶在历史上的衍变、琵琶的形制与构造和与之相关的音响色彩、在实际演奏中的艺术个性与表现特点等。这些理念在林先生的第一部琵琶教材《琵琶演奏法》中便清晰地展现了出来。他认为技巧训练不是孤立的，在学生入门学习琵琶基本技巧之前，就需要建立起文化的理念，并把这一理念融入到整个基础训练的要求之中。由此表现了作者对传统琵琶艺术与技术以及与人文社会之

间密切关联的注重，这也是中国传统器乐演奏传承中的重要文化特征之一。

其次，对琵琶艺术个性的准确把握。他对学生的训练不套用任何与琵琶艺术特征训练不相吻合的模式，在教材编写上，走自己的路。即以琵琶这件乐器的实际情况为依据，从演奏姿势、性能特点、定弦法与宫调的关系、各种传承下来的演奏符号，以及琵琶演奏上特殊的左手指法、右手指法及丰富的汇组指法等依次训练，编排有序，对每一个动作和每一个演奏技巧在文字上定位准确，言简意赅，阐述明了。如根据琵琶形制特点，编写了适合于琵琶演奏特点的 12 个调号的基础练习曲 150首，收到了良好的训练效果。再如《琵琶三十课》，通过 30 节课的安排与学习，能使学习者在较短时间内基本上了解并初步掌握琵琶常用技法。林先生目前编创的琵琶练习曲已有 200 余首，他撰写的《琵琶演奏法》的出版与应用，至今已有 50 多年了，作为一部入门学习的基础性教材，在教材的结构框架、内容布局以及实用性方面，至今仍具有很高的学术和实用价值。

2. 广采博纳，整合琵琶教材曲目

建设中国当代琵琶专业教学体系，教材资源的累积是最重要的一个环节，而教材曲目的建设是当时琵琶教学中的一个十分突出的难题。林先生清晰地认识到，要摆脱这个困境，必须要跨越传统琵琶宗派的门户之见，广采博纳，集各家精华于一体，打开教材建设的新局面。早在20世纪50年代，林先生在《琵琶演奏法》中便强调："要使琵琶在今后能够正常地发展，首先要由各派的演奏家们通力合作，发挥潜在力量，互相学习、互相研究。先是希望由各派各自编写自己的指法和曲谱，详细地介绍给大家，作为相互学习、研究的蓝本。"[1]

当代琵琶流派的形成主要是在清中叶以后，琵琶演奏的各个派别大多分布在江南一带。主要派系有：江苏无锡派，以华秋苹的《南北二派秘本琵琶谱真传》（1819）为代表；江苏崇明派，以沈肇洲的《瀛洲古调》（1916）乐谱为代表；上海浦东派，以沈浩初的《养正轩琵琶谱》（1926）为代表；上海汪昱庭派，以汪昱庭的《琵琶谱》（1942）为代表。

1941年，林石城先生被"浦东派"第五代传人沈浩初先生收为入室弟子，是"浦东派"第六代嫡系传人，尽得"浦东派"精华。但在其师沈浩初鼓励下，先后又向"平湖派"吴梦飞先生、"崇明派"樊少云先生、"汪派"汪昱庭先生学习，其琵琶技艺已集众家之长。林石城本人认为："作为琵琶专业教师，首先要做好保存工作，须向各流派认真学习；其次要做好继承工作，就须踏踏实实地学好传统的各个方面。"[2] 林先生在此理念与实践的基础上，为了当代琵琶专业教材建设，在以上五个主要琵琶派系外，他还广开思路，认真求索，收集、整理、研究了当时流传于社会上的其他名家传抄古谱和演奏谱。如倪清泉的《琵琶谱》、王心葵的《玉鹤轩琵琶谱》、曹心泉的《琵琶谱录》、吴梦飞的《怡怡室琵琶谱》、朱荇青的《朱英琵琶谱》、项子贞的《琵琶谱》、程午嘉的《琵琶曲谱》、曹安和的《时薰室谱》、何柳堂、何与年的《琵琶乐谱》以及刘天华创作的琵琶曲谱、华彦钧的琵琶谱等 20 余部。他破除门户之见，对这些传抄乐谱认真学习，大胆地吸收到琵琶教材中来。他编写的教材，可谓集中国传统琵琶乐谱之大成。为了琵琶教学的需要，他还从中国传统音乐各种品类中选择部分名曲，经过移植、创编，补充到琵琶教材中来，如《三六》《出水莲》《靠山》《陈杏元和番》《落院》《一枝梅》《到春来》，范围延伸到当代创作如歌剧《白毛女》，舞剧《红色娘子军》中的选曲等等。在中国近现代琵琶艺术发展史上，进行了突破性的跨越与变革，开拓了中国当代琵琶艺术发展的新局面。

3. 在琵琶专业教学体系建设中坚守中国传统音乐的根底

在琵琶教材建设中，他不仅注重文人阶层对中国琵琶艺术发展的贡献，还十分重视并强调琵琶艺术在社会各个阶层、在中国传统音乐各种演奏形式与类别中的应用状况和艺术特征，认为这是当今学生掌握中国琵琶艺术不可忽视的重要部分。

比如，在教学中除了应用简谱与五线谱外（林先生在 1959 年音乐出版社出版的《琵琶曲谱》，使用了五线谱谱式，是中国当代琵琶音乐教学中最早使用五线谱的教师），为了使学生们能够直接把握传统琵琶古谱的艺术真谛，早在 1959 年，便撰写并出版了《工尺谱常识》一书，指导学生们学习与应用，这是他认真深入学习传统琵琶音乐的一个手段。

又如对民间器乐合奏《弦索十三套》中的琵琶艺术，福建南音中的琵琶艺术，江南丝竹中的琵琶艺术，以及说唱音乐中的北方曲艺、苏州弹词、四川清音中的琵琶艺术，散落在琵琶主要派系之外的广东地区、浙江地区传承的琵琶艺术等等，他一直在呼吁与强调把其纳入到教学中来，希望众多学者与教授，在当代琵琶专业教材建设中，不能忘却中国琵琶艺术发展中的这些重要的组成部分。

早在 20 世纪 40 年代，林先生作为江南琵琶名手就曾担任过"春秋集国乐社""上海国乐研究会""上海第一医学院国乐队"等社会民族乐团的顾问和音乐指导。长期以来，他本人在中央音乐学院民族音乐系除教授琵琶独奏音乐外，始终坚持对民间器乐合奏音乐的训练与指导，以使学生在更广泛的中国传统音乐领域中学习和领悟中国的琵琶演奏艺术精髓。他所指导的"江南丝竹"演奏团队 1987 年在首届海内外"江南丝竹"音乐比赛中荣获五项冠军；1992 年在首届海内外"江南丝竹"音乐比赛中又一次获得演奏第一名。林先生身体力行，除尽心指导学生学习民族民间音乐外，还是专业音乐界第一位整理民间音乐合奏乐谱并纳入到教材之中的老师。如 1998 年在香港上海书局出版了《江南丝竹名曲合奏总谱》，还编写了十多种江南丝竹合奏中各件乐器的演奏分谱，便于学生学习。对民间音乐的坚持学习与训练，丰富了学生们的演奏技能，开阔了他们的艺术视野，提高了他们的民族音乐文化素养，是我国近现代音乐史上将传统器乐合奏列入琵琶专业音乐教学的第一人。

浦东派在鞠士林、鞠茂堂、陈子敬、倪清泉、沈浩初世代相传中，留下了许多精华技艺与传统名曲，作为浦东派第六代传人，他为了完整地整理"浦东派"的音乐精髓，在"文革"期间，林先生在极为艰苦的条件下，静心地、系统地俯案整理与记写了浦东派先辈传承下来的乐谱。如根据沈浩初手稿重修记录整理了《养正轩琵琶谱》（人民音乐出版社，1983）、《鞠士林琵琶谱》（人民音乐出版社，1983）、《陈子敬琵琶谱》等，完成了他对江南"浦东派"古谱抄本的抢救与整理工作，继承与弘扬了江南"浦东派"在气质风格方面的追求与论述。

对林先生的表演艺术，《人民音乐》有一篇文章论说得好："在林先生所演奏的《思春》《夕阳箫鼓》《海青拿天鹅》《霸王卸甲》《十面埋伏》等浦东派代表性的传统文武套曲中，把这些指法发挥得淋漓尽致，给人以赏心悦耳的艺术享受，从中使我们既可看到浦东派琵琶艺术遗产的丰富，也可看得出得到其真传的林先生的功力之深、造诣之高。"[3]

在江南各派琵琶传谱对《海青拿天鹅》这首金、元以来传承近千年的琵琶古曲演奏已成绝响的情况下，林先生用他的演奏，坚持了浦东派这片艺术领地。对浦东派代表性古曲《海青拿天鹅》产生的历史背景、作品意境、艺术价值以及在演奏技巧上的诸多传统特征与要求多次行文论述[4]，完成了这首乐曲的再生，还其在历史上的光彩与艺术魅力。

林先生在中国当代琵琶专业教学体系的建设中，系统地总结、整理与规范了琵琶技巧的基础性训练；跨越琵琶门户之见，广采博纳，丰富了琵琶专业教材的曲目；坚守中国传统音乐的根基，使中国古老的传统音乐文化在中国当代琵琶专业教学体系中获得新的面貌。林先生在中国当代琵琶专业教学体系建设的艰苦奋斗过程中，他的理念，他的行为，他的成就，堪为后来者的学习楷模与榜样。

二、对中国琵琶学建设的继承与发展

中国传统器乐演奏的传承与教学有着悠久的历史，历来注重理论与实践的结合。在中国传统器乐的认知系统中，向来认为一位演奏家，如果只注重表现自己掌握的高超技艺，其演奏，只能算是一个匠人；必须具备了对音乐本体深刻文化内涵的把握和一定的文化修养，并把这些理解与感受融于作品之中，其演奏才是艺术表现，才能称得上是音乐家或艺术家。由于中国传统音乐的传承绝大多数来自于口传心授的方式，因此，除了以文人为主体的古琴音乐外，大量的有关学科发展的理论知识与精髓，在传承中由于种种原因，许多真知灼见都散失在民间音乐家或派系传人口中，没有将其上升为学科的理论文献，故在古代尚未构建有如中国琴学那样的琵琶学。汉、魏文献中如史著、文、赋等虽有琵琶的记载，但多是一些关于阮系琵琶方面的史料。曲项琵琶传入后历经隋、唐乃至明、清时期的辉煌发展，逐步成为中国传统音乐中的一个重要成员——现代琵琶艺术。研究它方方面面的学问就是琵琶学。琵琶学的建设，目前虽不如琴学系统与完善，但在历史上一些乐谱与文录中亦有零散记载，仍可从传统中发掘、开拓。如唐代段安杰所著，被称为《琵琶录》的《乐府杂录》是一部涉及到琵琶艺术的著录，记有教坊、梨园的音乐活动。虽然它还不是一部关于琵琶艺术的理论专著，但对唐代琵琶艺术的发展提供了重要史料。另一部唐代著录《教坊记》也是这样一种情况。明、清时期的一些笔记，如何俊良的《四友斋丛说》、沈榜的《宛署杂记》等，在古谱抄本中亦零星记载了一部分关于琵琶艺术理论的文字，这些都是不可多得的历史文献。琵琶学的建设涉及到多种学科，如史学、文学、美学、乐学、声学、律学、乐种学、乐器学、曲牌学、图像学、民族学、民俗学、地理学、宗教学以及表演技艺和乐器制作工艺等，它将是诸多门类学科知识综合而成的一门新兴学科。目前中国琵琶学虽未完备形成，但在古代文献和当代各界专家学者论著中都已有重要建树和贡献，通过大家的共同努力，一个崭新的学科琵琶学必将出现。

林先生是中国近现代音乐史上在民族音乐演奏专业教学体系建设中非常重视音乐理论建设的教授。他在中国传统琵琶音乐中有关理论问题的撰述基础上，进行了综合性的总结、梳理、研究与提升，为中国琵琶学的建设与发展做了有益的工作。林先生有关琵琶理论教学论著 20 多部，文章百余篇。林先生对中国琵琶学建设涉及的问题概括起来，主要有十个方面：1. 琵琶的产生与社会历史衍变；2. 琵琶的形制、构造、性能与护理；3. 琵琶的定弦、调式音位与宫调体系；4. 琵琶的基本演奏方法及有关练习；5. 琵琶的乐谱、谱式与乐曲分类；6. 琵琶的各种演奏符号；7. 琵琶的各种指法（右手指法、左手指法、汇组指法）；8. 琵琶的流派及艺术特征；9. 琵琶乐曲解说与曲式分析；10. 琵琶的制作。

代表性的论著除上文提到的《琵琶演奏法》与《琵琶教学法》外，尚有《工尺谱常识》[5]《民族乐队乐器法》（琵琶部分）[6]、《嘈切杂谈——林石城教授琵琶文录》[4]《琵琶名曲选浅说》[7] 等等。

三、率先在中国专业音乐院校培养了一支琵琶专业生力军

林先生来中央音乐学院任教前，于 20 世纪 40 年代，先后有叶绪然、刘德海、李国魂等一批学生求教于门下；1956 年到中央音乐学院任教后，先后教授了邝宇忠、陈泽民、吴俊生、程俊明、潘亚伯、李文英、吴葆娟等学生；"文革"后又培养了林嘉庆、周丽娟、郝贻凡、曲文军、章红艳等海内外学生。他们现在均已成为我国当代琵琶演奏艺术发展的中坚力量，或是

艺术院校的著名教授，或是专业演出团体重要演员。他们在所任职的艺术院校与社会上的教学活动，使琵琶艺术又下传了一至两代学生，形成与建立了中国当代新兴琵琶的传承体系，对中国传统音乐文化建设与发展有重要贡献。

林石城自己说："我于琵琶教学将届五十年，经历着琵琶事业欣欣向荣的实况。但感触甚多。在事业心、责任感的鞭策下，要求自己兢兢业业、踏踏实实地工作。琵琶是件有着丰富表现力的乐器，能文能武，能古能今，能中能西，在琵琶界的共同努力中，完全有条件可以成为一件世界性的乐器。"[2] 林石城先生以他 50 多年教学、演奏、创作、科研工作的经历，达到了自己的夙愿。除全国各主要城市及台湾、香港地区外，他先后应邀到日本、新加坡、美国、法国、德国、瑞士、荷兰、意大利等国演出，弘扬中国传统音乐文化，把中国这件古老的乐器与音乐，引领到了世界。

林石城先生的成果是全面的、立体的、创新的。他不仅有严格的技术训练规范，更要求演奏者表达出作品的意境、风格和艺术完美；他不仅有循序渐进的技巧训练，更要求有理论知识的配合与艺术修养；他不仅有发展民族音乐的理念、决心，更有坚持不懈的实践与开创精神；他不仅有深厚的传统音乐文化功底与全面的学科知识，更有广采博纳的气魄与胸怀，以及对中国优秀音乐文化发展锲而不舍的奋斗精神。我们深深地怀念他：

他是杰出的江南浦东派琵琶的传薪人！

他是卓越的中国民族音乐新文化的创新者！

他不愧为中国近代琵琶艺术的一代宗师！

他是中国当代琵琶专业教学的奠基人！

参考文献：

[1] 林石城《琵琶演奏法》。北京：音乐出版社，1959。

[2] 林石城《流派·乐德·发展——琵琶教学漫谈》。中央音乐学院学报，1990（1）：61—66。

[3] 飞云《用年华谱成美妙的琴声——介绍琵琶演奏家、民族音乐教育家林石城》。人民音乐，1985（7）：22—25。

[4] 林石城《嘈切杂谈——林石城教授琵琶文录》。台北：学艺出版社，1996。

[5] 林石城《工尺谱常识》。北京：音乐出版社，1959。

[6] 林石城《民族乐队乐器法（琵琶部分）》。北京：音乐出版社，1963。

[7] 林石城《琵琶名曲选浅说》。北京：人民音乐出版社，1999。

论林石城译、编《鞠士林琵琶谱》 与《养正轩琵琶谱》

■ 乔建中

乔建中： 研究员，男，1941年8月27日生于陕西榆林。1958年考入西安音乐学院附属中学，1961年升入本科，1967年9月毕业于中国音乐学院音乐系。先后在中国京剧院、山东省艺术馆从事中国传统音乐的收集整理工作。1978年入中国艺术研究院研究生部，1981年毕业并获文学硕士学位。1985年出任中国艺术研究院音乐研究所副所长，1988年迁任所长。1992年起享受国家政府特殊津贴。1992年经国务院批准获博士研究生导师资格。

主要社会兼职有：中国音乐家协会民族音乐委员会委员，中国传统音乐学会副会长，国际传统音乐学会（ICTM）中国大陆联络员，香港中文大学院外考试委员（1977—2000）。

著有《瑶族民歌》《论汉族民歌近似色彩区的划分》《土地与歌——传统音乐文化及其地理历史背景研究》，专著《中国各族传统民歌305首》及论文、综述、乐评一百余篇。

1983 年 7 月和 9 月，林石城先生先后将原为手抄本的《鞠士林琵琶谱》(以下称《鞠谱》)[1] 和修订版《养正轩琵琶谱》(以下称《养谱》)[2] 交由人民音乐出版社正式出版。两谱在版权页上的标注略有不同，《鞠谱》为"译谱"，《养谱》为"整理"。仔细阅读过后，才了解他的用意和差别在哪里。其实，两谱早在 20 世纪 50 年代就已译、整完毕待出，为什么迟出了近 30 年？内中缘由，人人皆知。再往前说，编著《养正轩琵琶谱》的沈浩初先生早在 1938 年就编定了重新整理的"修订本"，终因"战祸连绵"而未能出版。如此，"战祸""人灾"，让这两册近现代历史上十分重要的琵琶谱修订本晚出了数十年。

20 多年后再翻阅这两本琵琶谱，特别是在追怀林先生一生为 20 世纪琵琶事业所作历史贡献之际，我们仍然想知道：林石城先生为什么要坚持不懈地出版《鞠谱》《养谱》二谱？他在译谱、整理过程中做了什么？两谱的历史、学术价值如何？最后，如果以今天的立场看，它们还有哪些不足？以下是我个人对上述诸问题的初步认识。

一

传统音乐乐谱的抄写、整理、出版，常常从一个侧面反映出某种音乐兴盛、演进的历史轨迹。在中国的各类传统音乐中，从明代开始至清末民初，整理、刊印乐谱之风蔚然而兴。其中最多者，首先是古琴谱，大约有近 150 种，录载历代琴曲 600

参加在云南昆明召开的全国高等音乐院校琵琶教学经验交流会

余首，解题、歌词三千首。其次是各类民间乐种的手抄谱，数量也不小，但因随抄随用，散佚甚多。其中，最有价值的一份，是20世纪50年代初在北京智化寺大殿内发现的《音乐腔谱》，也称《智化寺京音乐谱》，抄写年代为康熙三十三年（1694），无论就年代还是曲目而言，该谱都有无可估量的学术价值。另如雍正九年（1731）、道光六年（1826）的《西安鼓乐》谱等。第三类是戏曲曲谱，以《九宫大成南北词宫谱》（1746）、《太古传宗》（1749）、《纳书楹曲谱》（1792）和《异同集》（1909）为代表。第四类大概就要轮到琵琶了。自19世纪初，陆续有多种琵琶谱问世，正式刻印出版的如嘉庆戊寅年（1818）华秋苹氏的《南北二派秘本琵琶谱真传》（以下称《华氏谱》）、光绪乙

参加在云南昆明召开的全国高等音乐院校琵琶教学经验交流会

未年（1895）李芳园氏的《南北派十三套大曲琵琶新谱》、民
国五年（1916）沈肇洲先生的《瀛洲古调》以及民国十八年（1929）
沈浩初先生的《养正轩琵琶谱》（图1）等。如果加上散见于其
他乐谱集和未公开出版的抄谱，如嘉庆甲戌年（1814）荣斋编
的《弦索备考》第二卷"琵琶谱"和咸丰庚申年（1860）《鞠士
林琵琶谱》抄本，百余年间，就有六种之多，对于一门器乐艺
术而言，它们确实是一笔宝贵的乐谱文献。

　　谈到琵琶谱，我们一般会把《华氏谱》认定为"我国第一
部正式出版的琵琶谱"（参见［3］第293页），因为该谱集将此
前以直隶王君锡为代表的北派琵琶曲、以浙江陈牧夫为代表的
南派琵琶曲集于一书，收录大小琵琶曲共64首，且有琵琶图式、

图1   图2

指法、点板、解题的说明与标注，不仅反映出琵琶曲目的丰富积累，也体现了它在演奏技法方面的成熟度，就琵琶曲谱文献整理而言，确实是一部公认的奠基之作。

　　然而，从另一种意义上说，早于《华氏谱》的《弦索备考》（参见［3］第422页）第二卷"琵琶谱"，似乎也该有它的地位。因为，第一，它也是一部相对完整的琵琶抄谱；第二，它比《华氏谱》早四年；第三，它的第二卷中收录了《十六板》《琴音板》《清音串》《平韵串》《月儿高》《琴音月儿高》《普庵咒》《海青》《阳关三叠》《青松夜游》《舞名马》等11套大曲，另有《合欢令》《将军令》有名而无乐谱记载，数量可观（图2）；第四，经过1985年、2009年两次"弦索备考全本音乐会"，证明这部乐谱有重要的艺术价值，而作为其中一部的琵琶，也同样有它相对独立的地位。因此之故，我个人认为，无论是曲目数量，还是每首乐曲的体制规模，《弦索备考》第二卷都应该视为目前最早的一部大型琵琶抄谱而载入史册。只有秉承这样的观点，我们也才会进一步去挖掘它所包含的历史意义和学术分量。而这样的观点，并不影响我们对于《华氏谱》崇高地位的认定。

再看《鞠士林琵琶谱》，译者采取了横、竖排又合印为一册的方式，简谱（译谱）部分横排，工尺谱（林先生手抄）部分竖排。竖排一律用毛笔抄写，以尽可能保持旧貌。它的封面上，第一行写"秘传鞠士林琵琶谱抄本"，第二行是抄写年代——"咸丰庚申年抄"，第三行为谱集名——《闲叙幽音》，第四行标出准备出版的印刷社名——"上洋兰馨室藏版"。内封也有三行字，写有：云屏三兄清赏；畅叙幽情；许去樵书。据林先生在竖排部分"后记"云：新中国成立前，一共收集到三本鞠氏琵琶谱的传抄本，一本是浦东唐乐吾（据林先生所列浦东派传承谱系，唐与林为同辈）收藏供给；一本是蔡芝范收藏；一本是金缄三收藏。由于年代既久，三本乐谱皆散失不全，译者"根据这三本传抄本集合重抄时，除了各本所缺乐面补全之外，在乐曲次序、音字板眼等方面，也作了相互校对并调整"。（参见 [1] 第50页）从中我们知道，现在看到的《鞠士林琵琶谱》是这样翻译、整理后出版的（图3）。

译者还告诉我们，在鞠氏传抄本的"新增凡例"中，残留

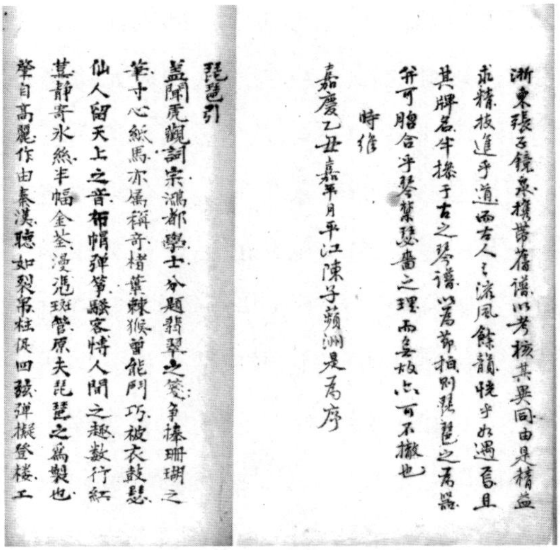

浙東張子鏡泉攜帶舊譜以考核其異同由是精益
求精拔進乎道而古人之流風餘韻恍乎如遇矣且
其牌名半採于古之琴譜以為節拍則琵琶之為器
亦可臆合乎琴箏瑟笛之理而要妓亦可不撤也
時作
嘉慶乙丑嘉平月平江陳子蘋洲是為序

琵琶引
蓋聞虎觀詞宗鴻都學士分題翡翠之箋争捧珊瑚之
筆寸心紙馬亦属稱奇楮葉棘猴曾能鬥巧被衣鼓瑟
仙人留天上之音柘帽彈箏驕客情人間之趣數行紅
甚靜寄冰絲半幅金荃漫馮斑管原夫琵琶之為製也
肇自高麗作由秦漢聽如裂帛柱促回弦彈擬登樓工

图 3

有下列一行半字句：“吾邑鞠先生讳士林乾隆嘉庆间人，名誉海内，艺冠古今，今之所习者皆先生所……”（下残缺）（参见 [1] 第 51 页）对于这本手抄本而言，这句话提供了极为重要的信息，即编著者鞠士林先生的著述早于抄本所标注的“咸丰庚申年”(1860)。加上《鞠谱》中的曲目与《华氏谱》既有同、又有异的情况，它的乐谱文献价值同样需要我们重新评价。

这里还想介绍另一份抄谱，它的名称为《怡情别艺》[①]，共四卷。其抄写的相关信息已经全部散佚，连抄本名都是后人填上的。但首卷两篇和末卷一篇共三篇文字，却值得注意。第一篇为《琵琶序》，讲述琵琶历史渊源及形制，最后提到这是浙东“张子镜泉”的一份旧谱，其落款为“嘉庆乙丑（1805）嘉平月

图 4

平江陈子蘋州，是为序"（图4）。第二篇名为"琵琶引"，文中
也提到"吾友张镜泉先生侨寓吴趋[②]，家居浙水"，落款为"嘉
庆丙寅（1806）嘉平月柳浦虚竹龚志正题於吴门云山旅社"，两
文前后相差一年。全谱共录《月儿高》《普庵咒》《汉宫秋月》《得
胜令》《海青拿鹤》《霸王卸甲》六套大曲；《楚汉争雄》有名
无谱，另录《武陵小板》一套；除乐谱外，还有琵琶图、琵琶
各调图示、琵琶指法、技法等，所录甚详。本人所以在此介绍
这本《怡情别艺》，是想说明自19世纪初至20世纪初，除了大
家已知的正式出版的几部琵琶谱，江浙一带可能还有不少大大
小小的手抄谱，《鞠士林琵琶谱》是一个证明，《怡情别艺》也
是一个证明。它们共同反映出一个重要的文化现象，即那个时

代的江浙地区，曾经出现过琵琶历史上又一活跃、繁盛的传承局面。而且，它也为20世纪20年代以后逐步形成的多个琵琶演奏流派，做了较为充分的准备。

二

如前文所述，林石城先生早在20世纪50年代就编就了《鞠谱》《养谱》二谱，并一直在找寻出版机会。但很不幸，先是他自己于1957年遭难、再后是国家于1966年遭难，直到1983年，他已经年逾花甲，才在社会、学校、出版社的协助下完成了自己的这个终生夙愿。

他为什么如此锲而不舍地出版《鞠谱》《养谱》二谱呢？依我个人之见，林先生如此执着坚定，有他自己特殊的学术追求。

首先，他整理出版《养正轩琵琶谱》，是遵奉业师沈浩初先生的遗训。如他在《养谱》"后记"所云：《养谱》于1929年刊行后，相隔有年。"由于当时印数不多，求之书店，已不可复得。"为此，沈先生于1938年将之重行整理。"后因战祸连绵，未能出版。1953年，沈先生寄来1938年再稿本，相约于翌年春来沪小住，嘱我助其重编线谱、简谱等工作，以冀完成夙愿。不幸是年冬天逝世在乡。临终前尚不忘此谱，一再来信，嘱为增删付梓，以求贡献于世。"（参见 [2] 第143页）而《养谱》首页上吴梦飞先生的"序"，对这一点说得更为清楚："所幸林君石城，乃先生入室弟子，曾受沈师付嘱，爰将该谱译校整理，并付剞劂，以竟先生未竟之志，不绝广陵之散，并宏正始之声。行见出版以后，岂第有俾于后学，吾道亦可不衰矣。"（参见［2］第1页）林先生作为弟子，吴先生作为同行至交，都将此当成自己完成老师、友人嘱托的大事，可见其首要目的就是"竟先生未竟之志"。

其次，20世纪50年代以后，沈浩初先生本人已经不强调重印1938年的"再稿"，他当时的"夙愿"是"重编线谱、简谱"，而这也是林石城先生当时的主张。师生二人在"谱式"问题上的共识，一是因为当年琵琶传承的主渠道已从社会转入专业院校，习者对线谱、简谱的需要大为增加；二是他们都想通过线谱、简谱扩大《养正轩琵琶谱》的使用范围和社会影响。所以，我们今天见到的1983版，"整理"成分甚大，与1929版比则相去甚远，几乎是一个原貌不再的现代版。从现实的角度讲，这样做也确实起到了扩大该谱影响力的作用，可以说，整个大陆的琵琶专业领域，对《养谱》的认识，正是从它完全适合于各个专业院校教学、作为一部有效的教材而普遍使用的。

第三，林先生所以坚持出版此谱，更深层的考虑是希望《养正轩琵琶谱》起到为浦东派"立派"的作用。作为浦东派的嫡传者，他从开始学习时，就天然地接受了这一使命，而当他获得了比前辈人更优越的传承条件，可以为浦东派的兴旺发挥更大的作用时，他当然会竭尽全力去身体力行。整理《养正轩琵琶谱》可以说是扩大浦东派影响的一个重要举措。或许也就像

2002 年，在中央音乐学院音乐厅举办林石城从艺 66 年音乐会后合影

吴梦飞先生所云，再度整理出版可以弘扬浦东派的"正始之声"，使此道不衰。为此，林先生在此谱里，借"后记"的篇幅，全面梳理了乐谱的标记方法、左右手指法符号，同时绘出该派自鞠士林到他和他的学生的整整六代传承谱系，又用大量的文字叙述了浦东派演奏文套、武套、大曲的风格特征和 11 种技艺的种种规范。

同年出版的《鞠士林琵琶谱》采用简谱和工尺两种谱式，除了扩大浦东派的影响外，还有另一个学术上的考虑，那就是追溯浦东派的来龙去脉。为此，林先生在竖排的谱本后面写了一篇很长的"后记"，它是我们目前所见到的有关鞠士林其人其谱最翔实的记录和分析。从林老师貌似平淡而内心充满感慨的

2002 年在中央音乐学院音乐厅举办的林石城从艺 66 年音乐会前林石城先生接受贺礼

叙述中，我们深切感受到一个民间传人、一种民间音乐乃至一个演奏流派在旧时代举步、积累、传播的艰辛历程。"后记"开头云："鞠士林先生，浦东南汇县人，擅长琵琶，有弹开浒字关的美谈，留有琵琶谱，在浦东传授了一些琵琶学生如鞠茂堂等，在苏州也教过两个学生。"（参见［1］第 50 页）。寥寥数语，便将鞠氏的籍贯、演奏技艺、传谱、传承等一一道尽。接着，他在介绍了本谱来自三个传抄本及自己整理的要旨后，特别指出，所谓咸丰年抄，"决不能误认为是鞠士林整理谱本的年份，只是后人传抄这本琵琶谱的年份"。（参见［1］第 51 页）正是为了此，他才有 1957 年暑假的"浦东访鞠"之行。此行的第一个成果是弄清鞠氏家谱：即鞠士林——鞠沐源——鞠润堂——鞠广铭——鞠德璋、鞠德珪——鞠蔚之等，共六代。他曾想"破土开看"鞠士林先生坟内关于他生卒年的记载，终因鞠家多数人反对而作罢。但我们从上述六代家谱判断，说他是"乾嘉间人"，理由是充足的。

接下来，"后记"用《鞠谱》《华氏谱》所录曲目进行比较，以探讨二谱之"孰早孰晚"？他最后的结论是：《鞠谱》可能要比《华氏谱》为早。其凿凿理由，读者可以细读并作出自己的判别，此处从略不论。

再往下，林先生纵论自清中叶起琵琶各流派的传播与纷呈，即所谓无锡派尊《华氏谱》，平湖派尊《李氏谱》，浦东派尊《鞠谱》及其后继《养谱》，崇明派尊《瀛洲古调》等。同时论述了各传谱之间"相当密切"的相互吸收交流关系。他更强调，鞠士林之后，在鞠茂堂、陈子敬、倪青泉、沈浩初的"世代相传中，在一些主要乐曲上，至今仍可看到与《鞠谱》所录有密切的渊源关系"，从而把浦东派的形成上溯到乾嘉时代，此其一。其二，他又论述了一些大曲如《阳春》，李氏、养正轩、汪派的同名曲皆与《鞠谱》的《阳春》存在这样那样的密切关系。故他的结论是，《鞠谱》"虽未刊行，但在手抄流传中，也曾起过一定的作用"。尽管"后记"不时流露出对《鞠谱》和"浦东派"的钟爱之情，但林先生上述结论还是客观而中肯的。

通过以上对《鞠谱》和《养谱》出版取向的分析，我们可以大致探究到林石城先生坚持出版此二谱的一些学术心路。但从更广阔的历史范畴而言，我认为他的宏观取向和终极目的，仍然是为了他终生为之勤勉奋进的浦东派琵琶艺术在当代更加繁盛而不断前行。在他看来，《鞠谱》是浦东派琵琶艺术的起点，即所谓"开宗"之作，而《养正轩琵琶谱》是浦东派相对成熟的一个标志，即所谓"立派"之为。而经过他几十年的专业琵琶教学实践、技艺积累和不懈传承，在正式"密集式"出版二谱之时，无论是演奏水平、文献储备，还是传承队伍，浦东派已经丰满健壮，甚至达到了一个历史的巅峰。即使从存见的《鞠谱》（1860）算起，到20世纪80年代，这个琵琶艺术流派也有了120余年的传承史，如果略向前延伸，便可达到150年。学术界有一个不成文的规则，即一个学科要达到成熟期，或者能够被学界承认，其学科史必须经历150年。依此规则评判，浦东派是基本符合的。当然，表演艺术与学术研究不同，但在20世纪80年代的琵琶艺术领域，在演奏、传承、文献三因素均达到这一要求的，一个是汪（昱庭）派（参见 [3] 第400页"汪昱庭"条），一个是浦东派。前者本也源自鞠士林一脉，后经汪先生个人的钻研而自立门派，并通过一大批后学精进而影响深远。

三

那么，林石城先生是如何通过"译谱"和"整理"来保留并进一步彰显两谱原有的内容和风貌的呢？鉴于它们原本状况的差别，林先生也采取了不同的编、译原则和方法。

　　我们知道，《鞠谱》本来是一份手抄谱，且译者林先生面对的是三种有残缺破损的抄本，将此变为一个相对完整并可以基本反应原抄本内容的新本，确实要做大量的甄别、鉴定、调整、梳理工作。而在内容确定后，再采取竖排、毛笔书写的手段，以体现旧式琵琶谱的状貌。现在看来，虽然不尽人意，但在20多年前达到这样的水准，也是难能可贵了。本质上讲，《鞠谱》现代版（即竖排部分，也可称"林版"）的这一特点，实在与"译谱"无关，而是林先生的仿古整理。本谱的另一版，即横排的简谱，才是真正意义上的"译谱"。对之，林先生也写了一篇"后记"。在后记中，他主要强调的是古代"琵琶谱"与实际演奏之间的差别。他明确地说："清代用工尺谱记写的琵琶谱，大都是原谱，而不是演奏谱。"也就是说，老师给学生的谱是"较为原始的乐谱，而老师自己演奏时，要比给你的原谱丰富得多，加进了许多'花音'"。（参见 [1] 第58页）为什么会这样，他引老师沈先生的话说："嫌原谱音节太疏而增多者，其法易，亦犹画家粉本，易着色也；若妄与增花而再思减少者，其法难，一如画家既经染色，则黑白已淆，难于返本也。"（参见 [2] 第143页）沈先生在这里用绘画的"粉本"与"染色"比喻琵琶的"原谱"与"花谱"，颇为恰当。"原谱"民间称也"骨谱"，乃乐曲的主干旋律，或曰音乐的"底板"。民间传人将"原谱"抄写成册，一为"活态"传习时的辅助，一为"静态"保存的载体。久而久之，便成为中国古代音乐传习、保存的基本手段。正因为此，林先生尊崇古习，"按谱照译，并未参照近代奏法给予增添，以求保存其原来面貌"。（参见［1］第 58 页）这样的做法，也为后人进行简谱与工尺谱的两相对照提供了前提。

在竖排、手写的工尺谱版中，除了整理、鉴别三个手抄本外，林先生也通过"后记"记述了一些历史信息和他自己的判别，特别是关于《鞠谱》与《华氏谱》的谁先谁后的问题，不仅作了他力所能及的"实地调查"，而且通过所录曲目的相互关系，表达了自己的看法。整理后的《鞠氏谱》共收录了以下各曲：1.《六板》；2.《慢商音》；3.《十面埋伏》；4.《将军令》；5.鞠派《霸王卸甲》；6.《月儿高》；7.《陈隋》；8.《普庵咒》；9.《平沙落雁》；10.《夕阳箫鼓》；11.《紧中慢》；12.《鞠谱杂板》；13.《肆合》，共 13 首。

《华氏谱》则有：上卷收王君锡传谱"西板十二曲"、大曲《十面埋伏》及杂板一曲；中卷收陈牧夫传谱文板《思春》等 18 首、武板《艳阳天》等 12 首、随手八板（由《春光好》等 5 首小曲组成），杂板《花胜》14 首，两卷所收曲目，均为六十八板体裁；下卷收陈牧夫传谱《将军令》《霸王卸甲》《海青拿鹤》《月儿高》《普庵咒》等 5 首大曲。（参见［3］第 293 页"琵琶谱"之②）

林先生指出，两谱基本相同者有《十面埋伏》《普庵咒》。主要音字相同，但出入之处较多者有《霸王卸甲》《海青》《月儿高》。《夕阳箫鼓》《南将军令》《陈隋》《慢商音》《六板》《平沙落雁》等 6 曲则仅在《鞠谱》中有。另外，在文字标题方面似乎又相反，《鞠谱》略简或较少有，《华氏谱》详且系统。最后他说："以此推测，《鞠谱》可能要比《华氏谱》早。"（参见[1] 第 52 页）首先应该强调，对于一门历史悠久的表演艺术而言，林先生提出的是一个重要的问题，如果论证有据，一方面会改变琵琶传谱的某个历史年代，另一方面也会使我们对《鞠谱》的地位、价值有新的认识。但仅凭曲目和文字详略来判断，似乎还缺乏说服力。过去 20 多年间，由于没有新的资料，或者说，除了林先生外，再无人进行更多的资料搜寻和进一步研究，使这一问题仍然停留在原有的地步。真诚希望琵琶演奏家们能多关注古谱研究领域，使之有新的进展。

四

本节，我们再来讨论《鞠谱》与《养谱》的学术价值。

1. 填补了琵琶谱史料上的空白，使百余年来的琵琶谱传抄、出版的工作成为一个相对完整的系统。在《鞠谱》正式出版以前，学术界承认的琵琶谱共为华、李、瀛、养四种，很少有人知道或提到《鞠谱》，就连权威的《中国音乐词典》也对之未置一词。这当然因为它是手抄谱，不可以出现在公开出版的辞书中。但由此也造成了琵琶谱在百余年间前后因袭的一个缺环，而即使以抄写年代算，除了 1814 年的《弦索十三套》与 1818 年的《华氏谱》相隔四年外，从 1818（华）——1860（鞠）——1895（李）——

1916（瀛）——1929（养），分别为 42 年——35 年——21 年——10 年，大体反映了琵琶演奏艺术日益繁盛的趋势。所以，林先生将《鞠谱》公之于众，实际上为近代琵琶史填补了一个空白，意义不可低估。

2.《养正轩琵琶谱》的重新面世，提供了一个琵琶诸谱所收曲目相互印证、比较的机会。在琵琶诸谱中，《养谱》最晚，它由此可以吸收此前各谱的优长，从而为演奏者提供更充实、丰富的曲目、技艺信息。事实上，鉴于沈先生本人的人文涵养和实践体会，他在《养谱》中确实加入此前琵琶谱所没有的内容。例如，《华氏谱》主要以南北派分，而《养谱》按照文套、武套、大曲划分，这就使传统乐曲的音乐个性、表达内容更加清晰，也反映了中国古代器乐音乐分类的某种独特性。同时，乐谱前的"曲情赘语"，作为对中国琵琶艺术历史沿革和乐曲论述的一篇文献，也颇有价值。编者认为，宫调之来，"固亦发源于琵琶"，这早已为人们共识。而以"套"划分，则始于宋元之际："初为单调，后乃联成套数与杂剧。杂剧为叙事体，辟诸章回小说，合数折而成一剧，曲词科白俱全；套数为言情体，辟诸诗余"，"今谱中《武林逸韵》《陈隋》等文套，具有悲欢情景，其节目大半袭用曲牌，犹填曲之联属诸宫调，同于套数；而《十面》《卸甲》等武套之表演故事，综其绘影绘声，有起有结，其节目无异章回，同于杂剧。"（参见 [2] 第Ⅲ页）这一见解，无论对于探讨琵琶套曲概念的历史依据，还是对于琵琶传承、表演的学理研究，都有重要的参照价值。而这些"赘语"，再经林石城先生一一详细的"注"，则更为丰富，更为实用，成为新版《养正轩琵琶谱》的重大特色之一。

3.《鞠谱》的出版将浦东派的传承史推前了数十年。通过先后出版《鞠谱》与《养谱》，证实了两谱的渊源关系。一方面，林先生在《养谱》后记中清晰地列出浦东派前后七代传承谱系；其中，沈浩初先生位列第五代，而在两谱之间，又曾出现过第三代传习者的《陈子敬琵琶谱》，由此提供了这个近代琵琶派别没有中断且最为可靠的实证性资料。而且，我们也可以从曲目的记录探讨这个派别的某些共性和变化，以及它和其他流派间既吸收、利用又保持相对独立的某些痕迹。

4.总结了浦东派曲目系统和演奏技艺，为今人认识浦东派提供了全面的信息。作为传统传承方式培养出的最后一位浦东派大师，林先生顺乎自然地担当起总结本派演奏风格、技艺的任务，在《养谱》中以详细的文字，例举了扫类、夹弹类、勾打、长轮连挑、长轮和挑、长轮带挑、并弦、虚按、颤、拖、捋下、吟、音色变化等十二种演奏技法（参见 [2] 第149—155 页），这大概是浦东派形成以来对其演奏技法、技艺最全面的一次归纳总结。事实上，任何一个艺术流派，支撑其流派特征的重要因素之一就是演唱、演奏技法、技艺，林先生借《养谱》出版之际，将自己几十年传承本派的实践体会总结出来，难能可贵。我们至今还没有见到其他琵琶流派用如此长大、翔实的篇幅细论本派技艺之论，故其价值值得重视。

五

最后，我想谈谈这两份琵琶谱的某些缺憾。

如前所述，能在 1983 年公开出版《鞠谱》和《养谱》是林先生终生之愿，也是琵琶界的一件幸事。但是，以今天的需求看，它们还存在某种缺憾。这缺憾，有当时环境的限制，也有林先生个人的原因。为了推进琵琶艺术的演奏和研究，我们应当在可能的情况下，通过自己的努力，弥补这些缺憾，使之臻于完善。

缺憾一，林先生在整理《养谱》时，过多考虑了今天专业教学的需要，而缺乏学术研究的眼光。因此，他将《养谱》首卷中的文字内容几乎全部删除，使今天的读者只见到用简谱排印的乐曲，而这恰恰是《养谱》有别于此前琵琶谱的特征之一，至少应该把 1929 年版的封面、目录、图版等放入新版，让读者对原版有一点直观感受。如果再进一步要求，或者说理想的做法，则可以采取《鞠谱》的横、竖两种排法，既保留了原貌，又能满足今天传习者的要求。相信今天能看到原版的同行，一定会为这种丝毫不见旧貌的做法深感遗憾。

缺憾二，林先生告诉我们，正式出版的《鞠谱》是在三种手抄谱本的基础上梳理而成的，那么这三种手抄本他是都见过的。如果他当时能够把它们均以影印方式附录于新版之后，一则无形中保存了这些抄谱；一则让更多的人判别他的整理究竟有哪些是合理的？哪些还有值得商榷的，岂不更好？可惜，这些手抄本现在到底还有没有？如果有，又在何处？我们全无了然。我们当然不应该苛求林先生，他能坚持让两谱出版，已非易事。但如果三种《鞠谱》抄本遗失在这些年，那就更觉遗憾了。

六

讨论了以上诸问题后，本人还有下面几点思考。

1. 自 19 世纪初到 20 世纪 20 年代末，琵琶一器有多种公开或手抄的谱本流传，同时也先后形成了多个演奏流派，从而造成这一演奏领域前所未有的繁盛局面，这是晚清以来中国民族器乐艺术颇为少见的现象，值得学界给予特别的关注。希望理论界与演奏界携手合作，从历史学、文化学、音乐学的整体性视角，对之进行更加全面、更加深入的研究，以促进未来琵琶艺术的进步。同时也会给中国音乐史学、琵琶史研究补充某些新资料。

2. 《鞠谱》《养谱》二谱，除了它的曲目文献价值外，在浦东派形成的历史上，其地位举足轻重。作为一种"原谱"，它们在浦东派演奏艺术方面究竟发挥了怎样的作用，琵琶谱与琵琶演奏之间，《鞠谱》《养谱》与浦东派之间，具有何种内在的建构关系等等，本文仅作了概略性论述，惟建立在诸套大曲个案基础上的研究，才能回答上述问题，这就需要演奏家们的深度参与。

3. 历史上出现的艺术流派，多半标示了某一表演艺术、某一学术派别的成熟程度。琵琶演奏所以在 19 世纪末、20 世纪上半叶涌现众多流派，正好反映了那一时段它同时在演奏、传承、文献积累上的全面进步和兴旺。但在 20 世纪后半叶，随着社会环境和传承模式的嬗变，琵琶流派的内在张力开始式微。林石城先生作为浦东派最后一位嫡传，曾为弘扬该派进行了许多努力，诸如演奏技艺的理论总结、演奏风格的传承、传播等，成为公认的浦东派集大成者。但他同时也在专业院校这一特殊的环境中培养了以刘德海为代表的新一代杰出的琵琶艺术家，他们把流派的精微融入现代琵琶艺术之中，为其注入了崭新的因素，从而构成了千年中国琵琶又一个高峰。我们如何评价林石城在琵琶艺术转型中的历史贡献？如何总结这一转型中个人、流派、社会、历史的相互作用？流派特征与个人风格有何种内在联系？在传统琵琶与现代琵琶的分水岭上，我们应该采取何种态度？等等，本人认为，开展上述问题的讨论、研究，将有助于琵琶艺术在 21 世纪迈出新步。

特别致谢：上海崇明区"阳刚民间音乐馆"创建人杨刚先生。

附录：1929 年《养正轩琵琶谱》总目

书名：《养正轩琵琶谱》（商承祚署引，戊辰七月）

序一：丙寅上已天虚我生识于沧州别墅

序二：民国乙丑年重九日世弟徐焕曾星璇谨序

前言：南吕之朔川沙顾瑷识

缘起：民国十有五年首夏浦左沈瀚识于养正轩

题词（八首）：沈叶流；琵琶仙：前人；临江仙：孙雄白

题词王赝一

例言：大套；工尺；本谱……弹文套；文套；以下谈各种指法；

作者肖像

卷上

卷中

卷下

养正轩琵琶谱卷上目录

顾曲须知

文套武套大曲和弦法音调表图琵琶体制诸名考坐弹仪式附

图发音统计谱中符号旁注字义左手指法右手指法

锣鼓音符解旁注汇解

养正轩琵琶谱卷上（南汇沈瀚浩初编注，川沙顾瑷庐校正）

顾曲须知

文套夕阳箫鼓武林逸韵月儿高陈隋

武套将军令十面 霸王卸甲 平沙落雁

大曲普庵咒阳春白雪灯月交辉

和弦法正调和弦法和变调一和变调二正工调小工调四字调

小工变调一小工变调二

　　图手（左手图）琵琶图

　　琵琶体制诸名考

　　坐弹仪式

　　发音统计

　　谱中符号

　　旁注字义

　　左手指法

　　右手指法

　　锣鼓音符解

　　旁注汇解

　　养正轩琵琶谱卷中目录

　　文套夕阳箫鼓（以下为七段标题）；武林逸韵（以下为十段
标题）

　　月儿高（以下为八段标题）；陈隋（以下为八段标题）

　　大曲普庵咒（以下为十四段标题）；阳春白雪（以下为十二
段标题）；灯月交辉（以下为三段标题）；附原谱锣鼓曲

　　养正轩琵琶谱卷下目录

　　武套

　　将军令（以下为十段标题）；十面（以下为十八段标题）；

霸王卸甲（以下为十一段标题）平沙落雁（以下为十五段标题）

跋

附录水军操演

① 上海崇明"阳刚民间音乐馆"藏本
② 引者案：此处"趋"，疑为"越"

参考文献：

[1] 林石城（译谱）《鞠士林琵琶谱》。北京：人民音乐出版社，1983。

[2] 沈浩初（编著），林石城（整理）《养正轩琵琶谱》。北京：人民音乐出版社，1983。

[3]《中国音乐词典》。北京：人民音乐出版社，1984。

流派传承的美学切入

■ 林谷芳

林谷芳：林谷芳，禅者、音乐家、文化评论人，台湾佛光大学艺术研究所所长。6岁，有感于死生。有非常高的佛学修为，常年只穿一件单薄的衣服。著有《千峰映月》《一个禅者眼中的男女》《禅两刃相交》《如实生活如是禅》等。

1950年生，高一读"有起必有落，有生必有死；欲求无死，不如无生"，有省，遂习禅。

同年，以一段因缘入中国音乐；

1968年进台湾大学人类学系，毕业后隐于市修行；

1988年初，以民间身份参与台湾的各种文化建设；

2000年淡出文化界，教授禅宗。其论著彰显"道艺一体"生命观。著作：《千峰映月》《一个禅者眼中的男女》《谛观有情——中国音乐里的人文世界》《十年去来——一个台湾文化人眼中的大陆》。

行走于大陆台湾140余次，被誉为台湾文化界数十年来唯一持守中国牌而不倒之文化标杆。

冬夏一衲，白衣步履。平和里藏着睿智，儒雅中蕴含透脱的师辈长者。

他身上那种道艺一体、浑然天成的圆熟，是艺术家的绝地风光，更是禅者的两刃相交。

　　大概有 10 年没参加音乐的学术活动了，今天来到这里非常高兴。1988 年海峡开放后，我第一次来到大陆就走了 35 天，跑了 11 个省份。因为早年读的是中国书，两岸开放，当然要来印证自己所学的真实与虚妄。想一下都跑遍，看看当年读的书中所讲是对还是错，是实还是虚，而到北京的第一站就是中央音乐学院，当时见到了乔建中老师，也见到了林石城老师。这段场景历历在目，可一晃二十几年就过去了，我当年是一个对民族音乐充满无限热情的人，现在则是一个到处云游的禅家，变化不可谓不大。

　　但不管怎么说，中央音乐学院的这个场景还是非常熟悉，第一次和林石城先生见面，就谈到我与他的因缘。大概是 1982 年左右，当时台湾还没有人知道林先生，我辗转得到林先生录制的盒带《思春》。林先生的风格很特殊，就因此间接知道有这么一个人。当时的我是初生之犊，仅凭那个盒带就写了一篇论文，叫《浦东派的琵琶艺术》，在北京见林先生时，我也把文章呈给他看。他隔天就写了一张白居易诗 "四弦千遍语，一曲万重情" 的中堂给我（最近我在联合报为林先生纪念音乐会写的一篇《亲见高人》中，也附了这幅中堂）。在上面还说我跟他 500 年前是一家，就这因缘，这次在台北的音乐会也会将这幅中堂悬挂起来。

　　后来有学生问他什么是浦东派，他常讲浦东派林谷芳讲得比我好。其实讲不是关键，他才是源头，我只是善于用文化语言陈述而已。就这样，以后一直有往来，他始终像个默而无语、

在台北国家音乐厅门口

无言大化的长者。2002 年，他电话给我，说希望我在台湾为他办从艺 66 年的音乐会，我答应了（这次来得太匆忙因此没将那场音乐会的带子拿过来，希望该录像也能成为一个重要资料）。那是他最后一场公开演出，最后一首曲子他弹的是《十面埋伏》。他穿着藏青色长袍，微驼着背，形象和我们光彩四射的其他演奏家不同，就是一个龙钟的老者。他坐定后拨弦三声，肢体没任何表情地随手一挥，但一声出来就将所有人震住了。其他人弹《十面埋伏》时如对千军万马，他则像是在战事旁的观战者，起落自是别人事，但对战争的描绘却特别历历在目，真是举重若轻，信手拈来。音乐会后，当过高雄市国乐团团长的老友萧青杉很激动地拉着我的手说："第一次见到什么是武林高手！"

在台湾演出

什么是武林高手？像金庸小说，说两大高手在华山之巅太湖之畔血战三天三夜，这算什么高手？真正的高手一击必杀，晚年的林先生就如此，他让我们看到了一个真正宗师的风范。但没想到那次办完音乐会后，隔两三年他就过世了。

人生就是这样无常，这些年我仍回到我宗教人的本色，尽管10年来还是办了不少音乐会，但却没有直接做过去那样的音乐工作，主要是做禅宗教学。而就因为这深刻的东方修行，我和外国人接触时，他们特别会感受我这个人在思想、思维逻辑上的中国形式。所以在国外演讲时，大家最头疼的就是为我做翻译，不仅词语不好翻，连逻辑也不好翻，不太容易让外国人了解我是怎么想的。正因有这样的对照，更让我常观照我们自己的文化主体性到底在哪里？我们是不是要在自己的逻辑、自己的生命观、宇宙观的基点上去看待当代的发展，而不只是用移植、嫁接、模仿这样的方式。在修行上，我自己绝对有这样的掌握，因为修行这个词汇在西方原就找不到一个同义词，在信仰上帝的国度里人是不可能成为神的；但在东方，修行则是一个一般的语汇，人人皆可成佛。而在台湾，怎样吃饭，我们还常说：它就是一种修行。

这里有一个文化基本观点的不同，甚至是思维逻辑的不同。如果没能观照到这个不同，文化的主体、生命的主体要完全显现，可能性就小，因此在大家前面已经有了对林先生透彻的了解、阐述后，我想在此用一个更广的观点来谈谈流派。

林先生虽做了非常多的工作，但他被外界认知的身份更多是一个流派的传承者。然而，在信息非常发达、交通非常便利的现代，再加上我们专业的音乐教育有各类的行家汇集在一起，流派意识在迅速地瓦解，有时甚至还变成一个故步自封的代名词。很多学生学传统时，会把流派当成一个历史的产物，认为它必将过去。不会有像刚才王次炤院长所提到的，林先生面对传统乐曲那种尊重的态度。但这样发展的结果会变成怎样呢？1995年我来大陆做国际民族音乐赛事的评审，比赛中有18个人弹《十面埋伏》，18个人竟弹得一模一样，就只一个样。当时刘德海先生坐我旁边，我开玩笑跟他讲，我说你们怎么都是在用同一个套路打仗。开玩笑的背后其实指向一个严肃的议题：

现在的中国民族音乐的发展外形是增加了，但内在的丰富性却不见了。《十面埋伏》只有一个版本，只有一种弹法，看不出不同生命对同一件事的不同态度。谈叙事，你的观点在什么地方，不同的生命情性、不同的史观、不同的美学，都会有一个自己在音乐上的诠释，但这种情况在我们的音乐学院不见了。所以站在林石城是浦东派的传承者这样一个基点上，今天我才想从广泛的文化层面来提一下流派为什么那么重要。

谈中国文化的特殊点时，我总是特别提醒大家，在全世界的大文明里，只有中国文化是绵延 4000 年以上且中间没断绝的文明。这文明为什么会长续久存？这是我们对自己文化最该观照的焦点。今天因不是在做一个深入的文化论述，所以我只提一点，那就是中国文化是一种"一元性与多元性并存"的文化。一元性是指中国有核心的一元系统，它使得你从中央到边陲，都有着同样的宇宙观、生命观，同样的意识形态。与此相对，多元性是指它在不同地方，又呈现着一种生活样态上极大的分野。这种分野在欧洲会形成不同的国家，但中国却不会如此。这与汉语有密切关联，汉字使我们不分家，尽管"十里不同音，百里不同俗"，你是广东人，我是台湾人，但靠着文字就可以沟通。我们现代人可以直接读 3000 年前的《尚书》，2000 年前的《史记》，它使得你变成一个中国人，也使得你尽管有一个生活样态的极大分野，但总体会认为彼此是一个族群。这里有个例子：1991 年一个西安音乐学院的老朋友去台湾找他身为国民党将领的父亲。当时大陆经济还没起来，我因此天天请他吃好料理，就这样吃了一个月。临送他走的前一天，这位忠厚的作曲家终于忍不住了，我要再请他吃大餐时，他只好委屈地对我说："是不是台湾人每一道菜都放糖？"这提醒了我在西安吃大盘鸡，口味很辣，这重、辣是西安口味，而我却只用我的习惯请他吃饭。那晚被他一提醒，我带他去永和吃麻辣火锅，吃到"中红"时，他的眉头开始渗出汗珠。几个礼拜紧缩的眉头终于展开了，他说了一句让台湾人五味俱全的话："林老师，原来台湾也有好东西可以吃！"你看，西安和台湾地区的口味差异其实远远大于欧洲任何两个国家间的口味差异，而欧洲可以分成二十几个、三十几个国家，但中国却保持着合久必分、分久必合的一种文化轨迹。如果没有一元性，不会合在一起；但如果只有一元性，又会缺乏适应性，在遭遇变迁时，文明就会覆亡。所以谈中国文明的长续永存，必须注意到这一元性与多元性并存的一个文化特质。

从这样的文化基点来看，我们会发现流派这样的艺术现象，其实并不是全世界各大文明都有的。比如西方音乐的各乐派就不是流派，他们彼此之间的美学基点就很不一样。我们谈流派，是指美学基底差不多，差异在诠释的不同，中国文化在此，和西方强调"异质性的创造"不同，我们有从"同构型"演化出新东西这样的一个特质。像我们从来就一直画山画水，但在笔墨情趣上各家则具现不同。它并不在材质、结构、描绘对象上产生巨大变化，这是中国文化很重要的一个特质。而这个特质也影响了禅宗里一个非常重要的修行观念，即解脱并不在另一个彼岸的世界，而是在同一件事情上为什么你能像道人那样做，而不像俗人那样做。有一个法号"源"的律宗和尚问大珠慧海禅师说："和尚最近用功否？""用功。""用功则甚？""饥来吃饭，困来就眠。"源律师以为这"寻常人也会。"但大珠慧海的回答则是："寻常人吃时不肯吃，百般需索，睡时不肯睡，千般计较，何尝懂得吃饭睡觉！"的确，我们吃饭时总嫌这不够辣，那不够咸，百般需索；睡时不肯睡，千般计较，总辗转反侧未得成眠。这公案的最后是"律师杜口"，没话可讲了，原来修行是这样，它不在彼岸，是如何在此岸呈现道人的风光。同样，中国人对于艺术的主题如山水等，并没有想在该主题上有多大变化，而在对这样一个与生命深切相关的对象你用怎样的不同观点去诠释。也因有这样一个基点，中国流派乃成为中国艺术一个非常大的特色，没有进入流派你就无以了解中国艺术最迷人的地方。在此，对同一件事看法的不一就呈现了彼此境界的高低。为什么有人画鸡是呆若木鸡，但另个人一画又"雄鸡一鸣天下白"，流派正是这样。

就因如此，谈中国艺术乃不可能不谈流派，甚至可以说，流派是使中国文化能保持多元性存在的一个重要基点。过去的中国艺术流派，我自己把它大约分成两类，一类是文人性的，像琴的流派，美学自觉性很高，为什么成立流派，它里边有一定的美学论述；另一类是民间性的，如筝，山东筝、河南筝等，主要是因地理人文的隔绝而产生，它时空色彩比较浓，但美学的自觉性则较低。这自觉性很重要，像刚才袁老师所讲的"琵琶学"，为什么要变成什么学、什么学的，因为必须如此，才能在文化变迁中有自己的基点、体系，以继续存在。正如这几年琴会得到更多人的关注，跟琴学的存在还是有关联的。所以谈到流派与文化变迁，我们不仅要重视流派的存在，流派的美学自觉、诠释系统，可能是我们在学传统时更要往前一步去思考的，而这样的美学自觉则要依赖大家的努力。这里最完整的当然是琴学，它已经做了很多工作，但从我这个做美学的人来说则还不够，因为如何把琴学与局外人的感觉做一个连接，是琴学必须要做的，否则琴人就又活在一个封闭的圈中。相对于琴，像筝、二胡等，则必须要白手起家，而夹在中间的，就是琵琶。像刚才所说林先生做的，尤其是他的老师沈浩初在《顾曲须知》中所言，其实就有一些琴的味道，有一定的自觉。琵琶另外一个流派特点体现在了其流派都在江浙一带，它不太有琴派的文人相轻。所以说一个学琵琶的，像林先生，就有可能涉猎诸派，亲见诸派名家，因此能有全盘的视野；不像琴派规范谨严，琵琶流派因为彼此参照，我们乃可以更实际、更有效地掌握它，可以在其中创建自己的论述。

一个带有美学自觉性的流派，是主题差不多，对象差不多，但彼此诠释不同。因此透过流派的研究，最能够清楚自己美学的切入，这一点正是现在音乐教学上非常欠缺的。我举一个例子，文人画谈"宁丑不媚，宁拙不巧"，笔墨太顺，反而障碍艺术的表达。琵琶也一样，真实的美学挑战是如何弹出一个不只是外形的《十面埋伏》来。你弹时轮指为什么要那么圆润，音色为什么要那么透明，美术界就会提出这个问题来，战争的乐曲为什么要如此透明圆润。而透过流派的相互对照，我们多少可以看出一些在这方面的观照。比如说汪派，我说他"简明畅快，开阔大度"，是把琵琶的颗粒感、点状音、刚性本质发挥到极致。你听李廷松先生弹琵琶就会想到苏东坡的故事。苏东坡的幕下之士善歌，有一次苏东坡问他："我词比柳七如何？"他说："柳中郎之词，合十七八歌女执红檀板唱'杨柳岸，晓风残月'。学士之词，须关西大汉执铁板铜琶唱'大江东去'。"汪派就如此，像行走江湖的侠客。现在有些音乐学院教汪派，我只能用四个字形容：阿弥陀佛。不敢领教，如此柔媚，就因没注意到这基点。相对的，平湖派就娓娓道来，有文人味；崇明派有他的生活味，善弹小曲，以小见大；而浦东派呢？说它气韵生动、文武判然，如林先生讲的，文的愈文，武的愈武。这时就把琵琶的开阔度凸显了出来。如果汪派掌握的是琵琶的刚性本质，浦东派就是把琵琶的幅度显现出来，游走于人间江湖的个性更为明显。我们因此比较容易从它身上看到琵琶的全貌。它也许在某些部分不如某些派别，但要了解琵琶的基点及幅度，它的生命情性与其他乐器有什么不同，浦东派就是一个非常好的入口，它可以让我们看到一个乐器总体的生命形象，当然它自己也有自己的美学深度。

尽管琴学非常发达，琴派大家也可朗朗上口讲出一些道理来，但琴毕竟是在"低限"中呈现自己的流派分野。琵琶不同，它尽管主要在江浙一带，但无论是文人如平湖，生活如崇明，江湖侠客如汪派，气象万千如浦东。基本上，这四个流派已把中国生命情性的几个主要面相都涵盖了。在切入中国音乐的文化和生命性格上，它乃比琴派更为有效。所以说，如果能够在大陆，尤其是中央音乐学院林先生执教的地方，把流派的意识坚定起来，流派的传承落实起来，让我们弹琵琶的人，游于华夏的诸种生命情性中，在我来讲，就是对林先生一个最好的纪念。

骨 干 谱

——琵琶流派形成的基础

■ 张伯瑜

张伯瑜：博士、教授，1999 年任音乐学系副系主任，2001 年任主任。中国传统音乐学会副会长，中国音乐传播学会副会长。

1998 年任丹麦亚洲研究院客座研究员，2000—2001 年，任美国福特基金会亚洲学者，2005—2006 年，任中美富布赖特学者。先后在丹麦、印度、美国做学术研究，现为中央音乐学院出版社社长。

　　2010 年 10 月，中央音乐学院音乐学系承办了"世界音乐周 2010——中国·日本音乐国际研讨会"，会议期间，来自日本不同地区、不同流派的三味线演奏家在中央音乐学院演奏厅共同举办了三味线专场音乐会。日本朋友说，在日本，这些不同流派的三味线演奏家从来未在一起演出过，在北京是他们第一次同台演奏。在日本，他们为什么不在一起演奏呢？因为他们是不同的流派，因而相互间有所保留吗？他们不愿意让其他流派了解他们吗？他们也不想从其他流派中学习些什么吗？

　　2012 年 11 月 22 日，中央音乐学院民乐系举办"林石城先生诞辰 90 周年纪念会"。林先生是琵琶浦东派的传承人，在林先生之后，琵琶流派的真实含义几乎消失殆尽，从琵琶流派的角度来讲，林先生似乎是最后一位具有琵琶流派意义的传承人。在以上这些活动中不禁引发了我们对中国民族器乐流派意义的思考。

一、个人风格与流派之关系

　　什么是流派？在艺术领域，流派一般是指风格独特的派别。其实这是一个非常不确定的定义。不同的领域、不同的事物，甚至不同的乐器，其流派的划分方法是多种多样的。然而，我想强调的是，流派是一个集体，并不是一个人，林石城先生对此也曾说："成为一个流派，绝非一人之力，而是由有影响的一派人，由于他们在学术上有所贡献，当他们逝世之后，在人品

1985 年 7 月《人民音乐》杂志封面

学术等方面值得被后人称颂而形成。"（参见［1］第 61 页）然而，这并不是说，在同一流派中，每个人的演奏风格完全一样，实际情况是他们在对乐谱的处理上并非完全一致。如果把流派作为一个集体，每个人在这个集体中有自己的作用，没有个人化的风格不足以构成流派的基础。因为，不同的演奏家在处理乐谱时会采用不同的方法，形成不同的版本；然而，由于师承关系和审美趣味的影响，在某些方面他们具有相同或相似的地方，比如，风格处理上的一致性，演奏技法上的共性，乐曲段落划分上的沿袭性，等等，这些把他们相对地融合在了一起，因为他们在强调个人化风格的基础上又遵循着一个相对统一的标准，演绎着相同或相似的音乐思维。故而，在琵琶艺术中把

中国音乐家协会前主席傅庚辰给林石城先生颁发金钟奖终身成就奖证书

他们称之为一个流派，民族音乐学理论可把他们称为"sound community"，即声音的群体。一个声音的群体体现着某些方面的一致性，与此同时，声音群体中的每个个体也有其独特特点。这样，每一位演奏家与其所在的流派便构成了个体与群体的关系。同时，这样的关系也可以体现在某一流派与其他流派之间的关系中，这是高一层次的个体与群体关系；进一步讲，某一种乐器作为一个个体与其他乐器之间也构成着个体与整体的关系，这样便构成了中国传统器乐的有机系统。在这个系统中，林石城先生有着多重的身份：他既是浦东派的代表，也显示着与浦东派其他成员不同的个性；既是中央音乐学院琵琶教授，也是中国民族器乐的优秀传承人。在他的艺术中，体现着中国传统音乐的内在思维。

另外，在以上所称的声音群体中我们常常会发现一些问题，如相互间的隔绝，相互间的保守。我们在一种合作思维下来审视这样的隔绝与保守时，会把此作为阻碍琵琶艺术发展的绊脚石。然而，我们也可以从另外一个层面来思考：在相互隔绝的情形下能够产生什么样的结果？那便是相对独立的音乐风格。数千年来，由于科学技术的不发达阻碍了人们的流动，相互间的交流仅限于狭小的范围之内，但是，由此所形成的却是世界上各自独立的音乐系统。① 现代科技的发展，传播媒介的引入，时空概念发生了变化，这些不仅给人提供了便捷，与此同时也造成了艺术上的趋同化。在现代科技飞速发展的今天，保护文化多样性成为了世界的口号。为什么？因为人们不想把自己的文化与他人的文化同构。交流会产生影响，影响会造成同构，这便是全球化的问题，也是我们不可避免的现实。我们需要交流，因为我们需要发展。与此同时，人类的反思能力也告诉我们另外一种逻辑，即交流在产生着我们想要得到的结果的同时，有时候也会带来我们意想不到的结果，我们之所以有了全球化的话题便是对这一结果的反思，也正因为如此，保护传统显得难能可贵。 林石城先生在一定程度上便构成了这种可贵的力量。

---

① 内特尔把世界音乐传统划分成四种类型：口传系统、书写系统、印刷系统和录音系统。见*The Study of Ethnomusicology—Thirty-one Issues and Concepts*. Urbana and Chicago：University of Illinois Press 1983：291—301.

二、骨干谱

以民族音乐学的视角来看待世界不同的音乐文化会发现三种类型，一是无乐谱的口传音乐系统；二是骨干音式的东方音乐系统；三是系统化记谱的西方音乐系统。所谓骨干音式的记谱系统，其主要特征是只记录乐曲的骨干音，在演奏的过程中完成乐曲的整体创作。由于这种类型主要用在阿拉伯、印度和中国等国家和地区，从西方地域观念来说属于"东方"世界，故称"东方音乐系统"。

首先，这类骨干音式的东方音乐系统与西方记谱系统不同，虽然两者都使用乐谱，但西方记谱系统提供给演奏者可演奏的完整模本，是听觉系统的视觉化，演奏者看着乐谱便可完成乐曲的音响化过程。虽然演奏者的演奏亦称为二度创作，但这种创作主要体现在演奏环节，是演奏上的技术与艺术的处理，不牵扯乐谱的构写过程。而骨干谱式的东方系统则不同。乐谱本身并不能构成完整乐曲，只是乐曲中所出现的骨干音，所以，乐谱只是音响的部分视觉化，演奏者看着乐谱，如果完全按照乐谱演奏并不能实现乐曲的完整性，在演奏过程中演奏者还需要加入其他因素，如装饰、变奏与即兴，从而构成整体乐曲。所以，演奏者在学习过程中，不但需要学习演奏技术，而且需要学习乐曲的构成方法。比如，印度的拉格演奏，一首乐曲只含四句，大量的音乐成分需要在演奏中即兴完成。所以，演奏者需要学习即兴材料，以及这些材料与作品的连接方法，在实际的演奏中实现这种连接，而不需要把这些材料书写记谱，如果书写下来的话便形成了西方化的记谱，乐曲的生成系统和随演奏而变化的性质将会改变。所以，在西方的乐谱系统中，读谱能力非常重要，视唱练耳便作为了音乐基础训练的主要内容。而东方的骨干音系统，由于演奏者需要在演奏实践中完成最终的乐曲创造过程，其对乐谱的处理能力便成为了体现其音乐能力的主要方面。

中国传统音乐虽然与阿拉伯和印度的即兴系统有所不同，但在记谱类型上也属于骨干音式的东方系统。在工尺谱系统中，除了工尺谱字，还需要润腔过程，在此过程中，大量的"阿口"字被加入进去，最终形成完整的旋律。所以，中国的工尺谱的特点与印度的即兴演奏又有所不同，其乐曲的最终形式并不是在演奏过程中完成的，而是在演奏前的演唱过程中完成的。由于这一特点非常独特，也非常重要，因此，吸引了许多学者对此进行了专门的研究。[①]一首曲牌，由于润谱的人不同，加入的阿口也就不一样，最终形成的旋律形态就会变化，形成一曲多

---

① 参见张伯瑜《变革社会中的中国传统音乐——河北省白洋淀圈头村"音乐会"的调查研究与音乐收集》，中央音乐学院出版社2012年版；王先艳《论民间器乐传承中的念谱过程及其意义》，《中央音乐学院学报》2012年第3期，第93—105页。

变的特性。随着地域和时间的延伸，变化的程度就会越来越大，某乐曲在有了自己新的曲名后就形成新的乐曲。如果把此仅仅理解为一种变异过程则把此问题简单化了，在此背后蕴含的是一种音乐制造的思维方式，体现出了"由一个音乐细胞逐渐变异而演绎成一个系统"的倾向，由此而形成了一个中国式的音乐创作方式。这是一种集体化的组织结构，在这个结构中，个体的行为虽然很重要，但不能独立存在，只是集体行为中的一个组成部分，只有在集体的合作中音乐才能延续。

琵琶传统乐曲亦采用工尺谱记谱，是否有润腔过程我们还需要进一步研究，但是，以骨干谱为基础，并由此而形成多个版本的处理方法却是显而易见的。传统琵琶演奏家不仅需要学习演奏技法，而且还要学习处理乐谱的方法，以形成自己的演奏版本。这不是一种乐谱的汇集过程，而是对乐曲的处理过程。在这种过程中，没有作曲家的参与，是演奏者自己的创造行为。林石城先生曾在文章中写道：

> 明清的琵琶谱，都用工尺谱记写，同时加注各种琵琶指法等符号。所记曲调，只记骨干音，与其实际演奏有着较大差异。这种琵琶谱，我们称它"原谱"或"古谱"。不是演奏谱愈是古老的乐谱，音字与符号愈记得简单。为此，当时学习琵琶，除了看着老师所给的琵琶原谱外，还须当面多听听老师的演奏，把老

师的实际演奏乐音及其处理方法等硬记背熟才行。我向老师学习时就是如此。老师以谦虚严肃的态度说："我的加工演奏，不一定是妥善的。所以，我把我老师的原谱给你。因为我们在习熟之后，自有纯粹妙音来揍腕下，不欲花而自花。若预为增花，虽有佳音，已将原谱淹没，渐至愈出愈歧，失其真相矣。如嫌原谱音节太疏而增多者其法易，亦犹画家粉本，易于着色也；若妄与增花而再欲减少者其法难，如画家既经染色，则黑白已淆，难于返本也。"[2]

林石城先生编撰了多部琵琶乐谱，从中便体现出了他在乐谱处理上的创造能力，这是一种传统的体现。新中国成立后在音乐学院学习的学生们，受到了西方音乐系统的影响，在西方乐谱的读谱能力上大大提高，但在对中国传统乐谱的处理上略显不足，但是大量的新作品出自这些新中国成立之后、由音乐学院所培养的演奏家们之手是显而易见的，这些作品成为了琵琶曲库中的精品，比专业作曲家的作品更令人喜欢。而改革开放后来到学院学习的学生们，他们的演奏技术之高超令人刮目相看，西方乐谱的读谱能力和试奏能力非常高超，但是，他们对中国骨干谱的处理能力却消失殆尽。从某种程度上来说，林石城先生成为了这一变革的分水岭。

三、骨干谱的处理——以"西板"小曲为例

《华秋苹琵琶谱》在琵琶历史上占有重要的地位。在这部曲集中，除了6首大曲外，还有61首称之为"西板"的小曲。所谓"西板"即把数首曲调纳入到68板结构之内进行变化，形成不同的乐曲。在其乐曲演绎和变化过程中有两个重要因素。一是旋律框架，即乐曲的曲调来源。石娟在其硕士论文《〈华氏谱〉"西板"小曲的分析与研究》[3]中对61首曲调进行了分类，共含七类：正板类、泣颜回类、雨打芭蕉类、锁南枝类、翠云涛类、中番类、杂板类。每一类包含数首不同名称的乐曲，但采用的曲调原型却是一致的。二是结构原则，即所有乐曲均采用68板体进行变奏，形成不同曲名的乐曲，这样就形成了原曲调和变奏后的曲调之间的发展关系。而且，由于在《华秋苹琵琶谱》中，这些西板小曲均已一定程度的旋律化，并注有演奏指法，所以在某种程度上具有"完整性"，所以，如果把原曲调作为骨干谱的话，这些"西板"小曲可看成是变异后的"乐曲"。然而，分析后可发现，这些"乐曲"如果完全按照乐谱演奏效果非常单薄，作为初学者的入门曲还可以，但作为艺术化的乐曲则需要进一步处理。石娟比较了《华秋苹琵琶谱》中的某些"西板"小曲曲调与汪派陈永禄演奏谱，以及杨大钧的演奏谱，发现《华秋苹琵琶谱》中的记谱与实际的演奏谱之间的差异。请看谱例1、谱例2。

谱例 1 （引自［3］第 14 页）

谱例 2 （引自［3］第 15 页）

　　从谱例中我们可以清楚地发现两种乐谱的不同。对此进一步的思考，我们可以理解如下三个问题：

　　其一，乐曲的演变经过了乐曲原型（骨干谱），到"西板"小曲谱，再到实际演奏谱的变异过程，这个过程恰恰是个人风格和流派的形成过程。

其二,"西板"小曲谱并非不可演奏,这些乐曲是可以用来按谱演奏的,但只是为了初学者来应用的。可见,琵琶乐曲并不是以练习曲、独奏曲等思维展开,而是在同一首乐曲上进行简单和复杂的处理,以形成适应不同程度的演奏版本,体现出的是演奏水平的高低。

其三,由于琵琶传统记谱方式采用文字谱,不善于记录细节,演奏谱只能在演奏实践中得以完成。而西来的乐谱(含简谱和五线谱)在记录细节上非常有优势,琵琶在采用了这样的记谱法后,在给演奏者提供方便的同时,逐渐使演奏者忽略了自身演绎能力的培养。

四、发展与静止

在中国的传统乐器中,能够形成流派的乐器并不多。胡琴类乐器形成了一个庞大的家族,但并没有形成流派。二胡流行全国,然而,除了阿炳和刘天华给我们留下了一些具有"传统"意义的乐曲外,甚至没有其他具有真正"传统"意义的乐曲流传下来。对汉族常用乐器进行简要的分析后发现,真正具有流派意义的中国乐器很少,古琴、古筝、竹笛和琵琶是这些少有的乐器中的代表。然而,在古筝流派中,山东筝、潮州筝、河南筝等都是以地域来划分的,所以,这些流派与其说是流派,倒不如说是地域化特性。竹笛也是如此,曲笛和梆笛乐器形制不同,音乐风格不同,传统的实际用途也不同,其中所体现出的地域性特点非常强。而琵琶不同，琵琶早期流派有南派和北派之分，当时，虽然有王君锡和陈牧夫的引领，但由于融合到了《南北二派秘本琵琶谱真传》（即"华氏谱"）之中，并由此而形成了无锡派，南北派便逐渐失去了实际意义，而更具实际意义的是无锡派、平湖派、崇明派、浦东派、汪昱庭派等。无锡派在无锡，平湖派在浙江、崇明，浦东和汪派（又称上海派）都集中在上海周边，可见，尽管琵琶五大流派也是以地域来命名的，但其地域距离很近。就其音乐来说，地域因素并不明显，比起古筝的山东、潮州、浙江等流派的地域差异来，围绕上海的地界划分实际上并不能体现出音乐上的地域风格，更具有意义的是传承上的师承关系，音乐本体上的技法与风格，以及音乐创作系统上的骨干谱和润谱的二重过程。

骨干谱要求不同的演奏家、不同的流派在演奏这些骨干谱时进行进一步的处理。由于处理的方式不同，形成了多种多样的结果，这种结果大大丰富了乐曲的曲库，也形成了琵琶特有的品味。然而，现代化要求我们去创新和发展，创立与西方乐器具有同样表现力的中国乐器和复杂多样并艺术高超的、科学的演奏方法。这一力量统治了世界100多年，也使我国的民族器乐有了神奇的发展，并最终形成了能够代表我国民族音乐文化的民族管弦乐队。然而，作为一种系统而言，琵琶原本的演绎过程基本上消失了，所以我们现在基本上不再演奏诸如西板小曲这种类型的乐曲了。这种丢失不是乐曲的丢失，而是创造力的丢失。我们不会处理了，处理这样的乐曲成为了作曲家的事情。联想到印度古典的音乐家们，在他们学习音乐时，不仅要学习乐器演奏，还要学习即兴方法。中国琵琶演奏家们其实也具有同样的能力，可惜，这种能力没能得到延续。

琵琶流派的消失、个人风格的消失、音乐演绎能力的消失并不是一种艺术水准的倒退，而是艺术发展过程中的一种追求，即上一百年中国民族器乐专业化发展的结果。没有这些丢失，哪里有今天中央音乐学院民族器乐系的成就？但是，现在我们也在反思，思考着现代性与全球化所带来的影响。全球化和现代性其实是由于弱小民族对自己文化不自信所产生的结果。然而，当这些弱小民族逐渐强大起来，当他们不再弱小时，他们会追问自己在哪里！如果没有静止，他们便找不到答案。这时候，我们似乎理解了为什么在日本不同三味线的流派不在一起交流的原因。林石城先生的琵琶之路似乎也能够给我们提供部分答案。

参考文献：

[1] 林石城《流派·乐德·发展——琵琶教学漫谈》。中央音乐学院学报，1990（1）：61—66，60。

[2] 林石城《琵琶流派例析》。中央音乐学院学报，1992（3）：7—11。

[3] 石娟《〈华氏谱〉"西板"小曲的分析与研究》。中央音乐学院，2002。

惙叹一生千篇语，馈赠琵琶万变声

——林石城先生琵琶演奏、声音和音色变化特点回顾

■ 曲文军

曲文军：中国戏曲学院附中教授。1986 年考入中央音乐学院助教进修班，攻读研究生课程，师从林石城教授，现为中国琵琶研究会理事，中国音乐家协会会员，中国民族管弦乐协会会员。曲文军早在 70 年代末 80 年代初，受中国各地尤其是西北民间戏曲音韵的影响，容声腔、弦板、吹管之音韵与琵琶传统技法的结合，在演奏和理论上开始了他的新探索。他创作或与他人合作创作的一些作品，如《秦川抒怀》《萧索秋夕》《豫调》《秦赋》《遐方怨》等，被编入《琵琶曲集》（人民音乐出版社 1987 年版）。

一、林先生琵琶演奏的主要特点

当今，琵琶的演奏可谓技法丰富，层次多变，声音唯美。但无论怎样蜕变发展，怎样丰富多彩，丝毫无法掩盖传统的印迹。

从事琵琶专业的人士就声音而言，每个人都有不同的特点，20世纪70年代开始，曾有幸先后视听到几位老先生的现场演奏，如：杨少彝老先生的演奏声音特点是丰满华丽，陈永禄老先生的演奏声音特点是儒雅矜持，陈重老先生的演奏声音特点是稳重大方。三位尊长的声音特点，一定体现着个人性格、气质和艺术趣味，以及对声音美学特质的认识。下面谈一下林石城先生琵琶演奏特点。

林石城先生的琵琶演奏，同样有他的特点，他的个性、他的底蕴文化、他的经历，无不体现在他的艺术趣味之中。我以为，先生的琵琶声音有着坦然自若、稳如磐石般的文人雅士之气，自始至终，贯穿于先生的一招一式里。

曾记忆，先生演奏无论声音如何，没有造作，不动声色，心语直达手音，把音乐的本质实实在在展现于人们的视听里。

恰如先生演奏武曲时，豪放彪悍、洪水猛禽、战争厮杀、刀光剑影；豪气冲天时，哪怕震耳欲聋，也绝不惜力，要的是实在，要的是气力，当出手时必出手，要的就是霸王的豪气；

鉴定琵琶

当昔日蹉跎、塞外昭君、宫苑思春、妆台秋思、湘妃滴泪时，哀怨凄楚之声，着实令人酸楚、令人伤悲；当月夜春江、啼鸟花香、楼台赏月、登高远眺时，令人凝思静听般的心畅，愉悦心扉。确有高山流水时声音精巧，灵动而诙谐；亦有楚王别姬时，生离死别、寸断柔肠、撕腔裂肺、仰天嘶鸣；更有甚时，狂风雷暴式的嘈杂之声，令人不寒而栗，是酣畅？是过瘾？还是痛快无极？无法定义。

先生演奏时，声音无论狂了、燥了、收了、放了、悲了、喜了、怒了、惊了、怨了、叹了，动作依然简练顺意，毫无秀意。这便是先生琵琶演奏的特点。

1987 年 12 月于日本与各国音乐家同台演出

二、林先生琵琶演奏的基本声音特点

所谓基本声音，是指琵琶演奏者拿起琵琶，不论先弹挑或轮指或扫拂等，信手拈来，随手而去，不涵盖音乐内容或音乐所指的某种纯技术的声音，即称为基本声音，也有业内常说的"手音"。

先生演奏的琵琶基本声音，依众人感悟为四个字：稳、健、帅、挺。我想，是否与先生坦然自若，少言寡语、文人持重的性格有关？是否与先生世代中医有关？把脉望舌少言语，酌病理出药方。恰如先生演奏时，酌音乐的本意出手，乐意在心，手音会意。

先生的演奏，先生的音乐，透着文人的稳重、自信和细腻。言语不多，心里却健硕挺立。演奏中始终坚守他骨子里的那份东西。我以为，这便是先生琵琶演奏基本声音的涵义。

三、林先生琵琶演奏中弹奏位置的 声音变化特点

先生演奏时十分注重弹奏位置的变化，充分利用弦长的张力，根据音乐内容的本意进行声音的选择。从先生演奏谱面中随处可见，在音符上方，标示的或上、或中、或下等，这种标示使声音的表达更具条理。

关于位置的选择有相对标准，如上方位置的相对标准是左手按音和右手正常弹奏位置之间的二分之一处，中方位置的相对标准是上方位置和正常弹奏位置之间的二分之一处，下方位置的相对标准是正常弹奏位置和复手上沿以上之间位置。先生在演奏时，上、中、下的位置变化还有以下几种规律和特点。

1. 右手技法有针对性的位置选择

针对某个具体音或者说根据某个音所需要的音色而选择位置，即是有针对性的位置选择。

这种针对性的位置选择，如先生改编并演奏的《高山流水》中，前一个音和后一个音之间发生的弹奏位置改变，或两三个音之间发生的位置改变。

这种变化，先生多在推拉弦且较有韵味的音型和较慢速度的弹挑技法中使用，其声音的音量比例和音色的落差往往较大。如先生演奏的《高山流水》《出水莲》《陈隋》《汉宫秋月》《陈杏元和番》《思春》《寒鸦戏水》等曲目中的这种变化就较典型。

以下例举先生演奏的《高山流水》片段：

谱例 1

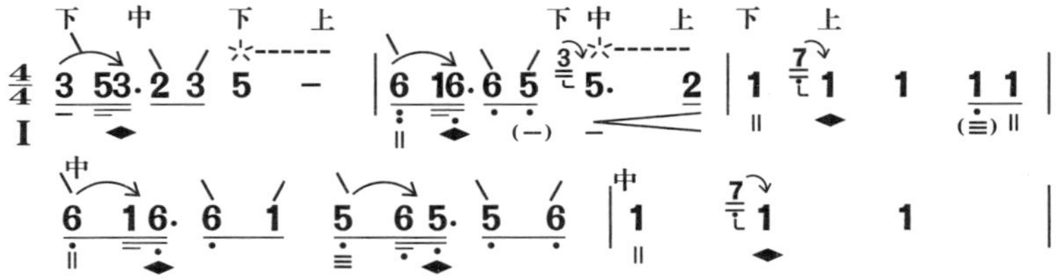

类似这种音型韵味的曲目，针对性位置选择的使用一般较普遍。

在《高山流水》曲目中，由于先生使用了针对性的位置变化，使声音更精巧、灵动且诙谐。试想：如果这种音型只在一个位置上弹奏，音乐表现是多么地呆板！

2. 右手技法"走动式"的位置变化特点

这是指一个音或多个音延长时，右手某技法从上往下或从下往上的位置改变，即称为"走动式"的位置变化。

关于"走动式"的位置变化，先生一般多在长轮、双轮、满轮、滚奏、滚扫和渐快速度的弹挑中使用。往往某技法在随位置变化时，声音的音量和色彩等也同时发生多样的改变。

这种随位置而改变的声音层次，要比仅在一个位置进行变化时色彩丰富得多。声音明显有了立体感，加强了声音的伸缩张力感。现例举先生演奏的《霸王卸甲》第二段"升帐"的第三、四小节加以说明。

谱例 2

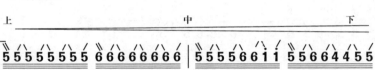

这是一段弹挑位置"走动式"变化的典型。

先生弹挑采用了"走动式"的位置变化后，声音无论色彩浓淡变化、音量对比变化等，都发生了较丰富和较大程度的层次改变。视听上明显有了声音由小到大、由远到近、列队行进时的动态感。

3. 声音随位置走动时发生虚实的变化

先生演奏时，弹奏位置变化的同时，声音也常常发生虚实的改变，声音的变化不仅仅限于常态化的对比。

如先生在弹奏位置从上往下运行时，往往声音是先从虚奏开始的，而后进入弱奏再逐步渐强，直到音量实在。或有时，当弹奏位置从下向上运行时，声音是从强而实，逐步渐弱直到声音虚化。这种变化，最大程度地增强了声音色彩和音量比例的落差。

该变化，先生多在长轮或满轮技法中使用。如琵琶古曲《霸王卸甲》第一段"营鼓"长音轮部分：

谱例3

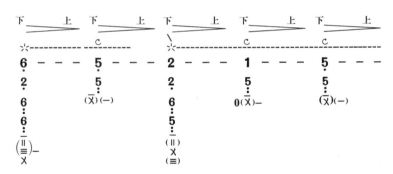

先生的轮指就采用了从下到上、从实到虚的声音变化，听觉上明显有了声音或浓或淡、或实或虚、或大或小、或近或远的改变，使这段描写更具鲜明的层次感和起伏感，大大增强了以往少有的音乐动感形象。

还如琵琶文曲《思春》中前两段，"思春"和"昭君怨"中常出现的这种音型：

谱例4

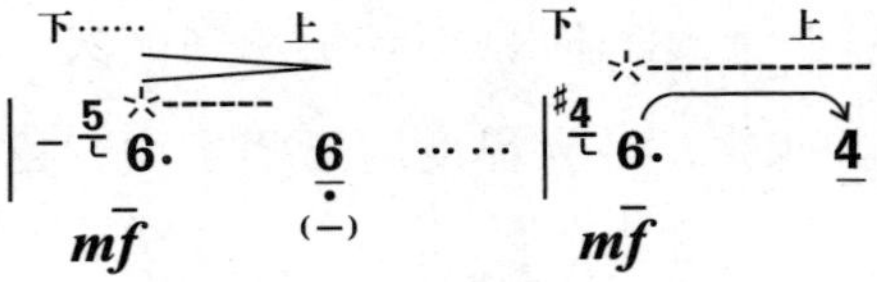

先生的轮指就采用了从下方位置逐步向上方位置走动，声音从中强逐步渐弱直至声音虚化的变化。这种变化最大限度地拓展了声音的张力和幅度，为这段表现昭君欲罢不能、万般无奈、荡气回肠的音乐增添了"音断意非绝"的回味。

四、林先生琵琶演奏中声音力度变化的特点

先生在演奏中，除弹奏位置和声音虚实变化外，还十分注重声音的力度和力道上的变化。此变化有时甚至超出常态化的幅度，往往瞬间就可以使声音发生巨大的张力改变，这种变化，先生在武曲演奏中随处可见，可圈可点者实在太多。

例如《霸王卸甲》第三段"点将"部分，扫拂力度变化就非常典型。如谱例：

谱例5

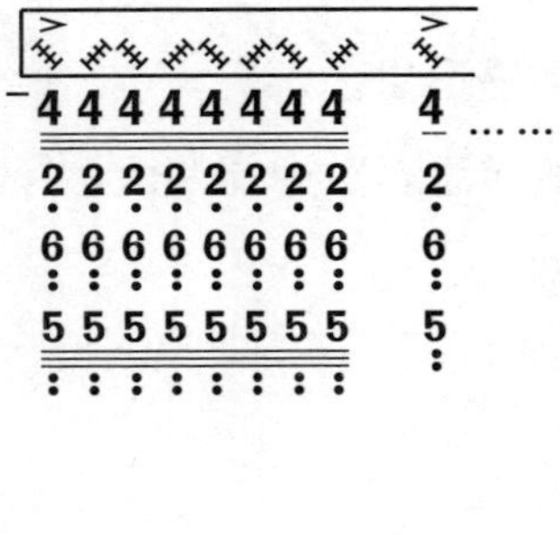

第一个音扫的力度非常大，接下来的七个音立即渐弱，*f* 到 *p* 的力度落差，远远超出一般常态化的强弱对比。该扫拂的音乐形象如同戏曲舞台上紧锣密鼓，从强到弱再到强，伴随着武将转身亮相一般，坚韧而洒脱，苍劲而有力，给人以最大程度的震撼和满足感。

再如先生演奏的《十面埋伏》第十段"大战"中的扫拂变化部分：

谱例6：

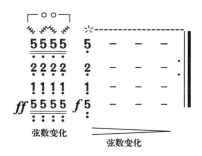

该声音变化突然特强、突然特弱，变换交错，听上去十分震撼，给人以若隐若现、忽近忽远、忽大忽小的切换感。当扫拂力度大时，仿佛厮杀就在眼前；当扫拂力度渐渐变弱时，仿佛战争场面渐渐远去，如同镜头画面交织切换一般，使人心绪不宁、眼花缭乱。

此场此景，历历在目。不由得使人想起，先生曾80高龄，仍稳步《海青》，今天回想起来，仍惊叹不已。先生确可谓：惙叹一生千篇语，馈赠琵琶万变声！

回 顾 与 展 望

■ 孙维熙

孙维熙：中央音乐学院民乐系教授。曾获中央音乐学院优秀教师称号，两次获北京市民乐比赛园丁奖，中国乐器园丁奖。

近40年来他除去琵琶专业教学外还致力于指挥专业的学习和实践。1973年参与恢复组建中央音乐学院民乐团并任指挥；1994年指挥该乐团参加李慕良作品音乐会受到江泽民主席的亲切接见；两度执棒"北京市金帆民族乐团"均获艺术节一等奖。1994参与组建中国少年民族乐团并任常任指挥，还为电影电视剧配乐，参与《中华曲库》的录制工作，率我国"小天才艺术团"赴亚欧各国演出。他教书育人，淡泊名利，数十年如一日将自己的心血倾注在琵琶教学事业上。多年来他为国家培养了一批优秀琵琶专业人才至今活跃在全国各地的舞台和教坛上，并且多人多次获国内国际比赛大奖。

　　今天上午，听了海峡两岸四位资深学者的发言，我深受教育和启发。来自四面八方的学者、教师和青年学子们齐聚中央音乐学院，共同纪念林石城先生诞辰 90 周年，并展开学术性讨论，我十分兴奋也感慨颇多，像这种带有学术研讨性质的聚会实在是久违了。今天距 1993 年最后一次全国琵琶教学研讨会已近 20 年。记得在"文化大革命"结束恢复办学后不久，我院琵琶专业在院领导和文化部教育司的大力支持下，联合全国九大院校和艺术院团恢复了琵琶教学教材会议，即所谓的九三年杭州会议，这之后的 20 年来琵琶的教学和演奏事业得到了长足的发展，但具有学术性质的研讨会却一次也没有举行过。那么琵琶的演奏和教学发展到了什么程度？还有哪些问题需要注意和解决？这些问题都还没有系统地研究，我想这对于琵琶事业的发展无疑是一种损失。好在今天在纪念林石城先生诞辰 90 周年时终于有了一个令人兴奋的学术研讨会。虽然由于种种原因有些教授们没能出席，比如林石城先生的学生，对琵琶事业做出重大贡献的、现任中国音乐学院教授刘德海先生，对于琵琶传统文献整理、保存、考证付出辛勤劳动的我院陈泽民教授，我院前琵琶教研室主任、现中国音乐学院教授王范地先生等，这无疑让我们有些许的遗憾，但是让人欣慰的是这次研讨会第一次有了海峡两岸的著名学者参加，并发表主旨演讲，我想这是对我们琵琶事业的有力支持。

　　下面我就自己经历过的一段历史谈点个人感受，算是对林

林先生在吉林省税务学院讲学

先生诞辰 90 周年的纪念，以及对琵琶事业的碎语吧。

中央音乐学院的琵琶专业是从 1954 年开始招生的，林石城先生 1956 年调入中央音乐学院开始从事专业琵琶教学。1959 年我考入中央音乐学院附中，师从林石城先生的第一名学生邝宇忠先生学习琵琶，其间也跟随林石城先生上过几堂课，虽然当时年龄尚小，但还是亲身经历了中央音乐学院琵琶专业的一段发展历程。这个发展过程应该是 1954—1965 年这十多年时间，这段时间在我的记忆中发生了许多有关琵琶的事情。

首先我入校以后买的第一本教材是林先生刚刚出版的《琵琶演奏法》和辅助教材《琵琶曲谱》。这本教材的第一首曲子就是《老六板》，我就是从《老六板》开始学习琵琶的。在这本教

林先生在广州和香港学生共同演出

材中，林先生大量选用了民间乐曲，也有少量的戏曲音乐和创作乐曲。乐曲程度由简到繁，由浅入深，这应当是中央音乐学院琵琶专业教材的开山之作。今天看来这是一件很平常的事，但在当时的历史条件下，这本教材传递出两种信息：一是林先生 1956 年从一个以医生为职业的业余琵琶传人转变为中央音乐学院的第一位琵琶专业教师。角色的转换，工作性质的改变，对林先生都是极大的考验。专业教师的特殊职业要求带给他的压力是可以想象的。而当时只有 35 岁的他，以他对新生事物的敏锐感知力和勤奋好学的职业精神，虚心学习西洋专业音乐教学中的系统性、科学性，并身体力行付诸实践，以最快的速度适应了当时以西洋教学为主体的中央音乐学院的教学环境，反映在这本教材中的，就是第一次在民乐教材中使用五线谱，强化固定调概念，这在当时是不被所有从事民族音乐的人所接受的。

二是从这本教材的选材上看，除了他所熟悉的江南民间音乐外，还选用了其他地区的民间音乐和戏曲音乐，可以看出林先生对于民间音乐和戏曲音乐的重视，这一点从林先生多年来改编的乐曲中有较明显的反映，这在当时以各派传人所传承乐曲为主要曲目传承中是一种具有突破性的改变。这预示着林先生自进入音乐学院专业教学开始，就将民族音乐带入专业的课堂，这既是对琵琶教学的丰富，更是他对民族音乐教学理念的一种宣示。

从以上两个方面可以反映出林先生作为中央音乐学院第一位专业琵琶教师，对于琵琶教学的专业化、科学化的探索做了大量开创性的工作。同时在教材的多样化方面为中央音乐学院教学体系的建立打下了良好基础。

林石城先生在中央音乐学院任教可为两个阶段。第一个阶段时间不长，只有四年。在这个阶段中他所培养的学生邝宇忠、陈泽民、刘德海、吴俊生等在以后的年代里都在各自学术领域中对琵琶事业的发展做出了各自的贡献。其中最具代表性的当属中国音乐学院教授刘德海先生。刘德海先生在考入中央音乐学院前即在上海师从林先生，后考入中央音乐学院后继续师从林先生，毕业后留校任教。他的艺术成就主要体现在演出实践方面。

　　大家知道从 1958 年开始"大跃进运动"，虽然在政治上给我们带来了一场灾难，但有意思的是，在这期间，艺术创作领域却带有一场空前的思想解放。我们的教学、创作、演出等各方面都出现了令人鼓舞的大好局面。在创作方面，当时还是学生的刘文金先生创作了二胡曲《三门峡畅想曲》《豫北叙事曲》等；同样是年轻学生的吕绍恩先生，在林先生的大力支持下创作了琵琶曲《狼牙山五壮士》。吕绍恩还将此曲献给林石城先生，以此表达他对林先生的尊敬。同时乐器改革方面也取得了突破性的进展。邝宇忠先生经过多年实验终于将丝弦改为钢弦；当然"义甲"也就必然地出现并逐渐被人们接受。而这一切的创作、创造能在舞台上付诸实践，并得到广大观众的认可，这一任务便由刘德海先生当仁不让地承担起来。首先刘德海先生使用钢弦琵琶演奏《狼牙山》等新创作的作品，以其独特的音色和极富个性的舞台演奏效果给观众耳目一新的冲击力，达到了意想不到的效果。再后来，人们从他丰富的演奏曲目中，小到《旱天雷》《迎春舞曲》，大到《十面埋伏》乃至改编的外国民歌，从他演奏中灵巧的左右手配合，华丽的技巧展示，灵秀俊美的艺术取向，人们在承认了中央音乐学院培养了一位琵琶演奏家的同时，也能够感悟到林先生或者说是浦东派琵琶身后的江南民间音乐的神韵，而此时林石城先生已经离开了中央音乐学院……

　　这个时期，虽然林先生在中央音乐学院第一个阶段的工作只有短短四年，却为中央音乐学院培养了第一批琵琶专业大学生，培养了刘德海这样的琵琶演奏家，同时为其弘扬浦东派琵琶艺术开创了一个高规格的发展平台。因此纵观琵琶几大流派的发展历史，有的流派处于自生自灭的状态早已后继无人；有的流派虽然有乐谱流传，却没有一份可信的音响资料，而林先生1956年来中央音乐学院任教无疑是历史给了浦东派琵琶一个发展的机遇。在此作为一个琵琶从业人员，我想我们应该感谢林石城先生，感谢刘德海先生，感谢那些对于浦东派琵琶传承付出辛勤劳动的人们，更应当感谢中央音乐学院这块风水宝地。

下面相对当下环境中琵琶事业发展谈点个人看法。

我要特别提出，对于平湖派传谱的整理工作应该当作一项工程来对待。近几年在琵琶教学中常有学生开始演奏"平湖派"乐曲，但由于没有第一手音响资料，总感到有些恍惚；而大家又都感到"平湖派"有很多值得挖掘的东西，建议有关院校和民间组织可以联合起来，做一些研究整理工作。我认为任何流派的发展不可能一成不变，从历史发展的角度看，发展变化是绝对的，而不变是相对的。但在当下我们所处的历史阶段如何保有相对不变的历史文献，给后人留下一个文化坐标，则是当务之急。

林石城先生虽然离开了我们，我们今天纪念他，就是要把他一生继承传统、勇于创新、努力追赶时代步伐的精神发扬光大。

谢谢大家！

恩师林石城

——略谈他的教学理念

■ 潘亚伯

潘亚伯：我国著名琵琶演奏家、教育家，"浦东派"第七代传人，安徽师范大学音乐学院教授。

2011年8月8日举行的中国民族管弦乐学会第五次全国会员代表大会上，潘亚伯等41位老艺术家荣获"民乐艺术终身贡献奖"。这一奖项是中国民族管弦乐学会于2004年设立、专门奖给年龄在70周岁以上、为中国民族管弦乐艺术做出了杰出贡献的老民乐艺术家的。获奖者都是长期活跃在民乐舞台、在艺术表演和学术研究方面成绩突出、为我国民乐艺术的传承和发展做出了杰出的贡献，并且在国内外有广泛影响的知名老艺术家。

　　林石城教授是中国民族音乐教育的奠基人之一，也是中央音乐学院民乐系创始人之一，杰出的民族音乐教育家、理论家、著名琵琶演奏家、编曲、作曲家，中国琵琶浦东派第六代传人。他 1942 年正式拜近代大家沈浩初先生为师，学习传统大套曲目，刻苦钻研，尽得其精，最终成为 20 世纪后半叶浦东派最杰出的代表。

　　林石城教授也是中国民族器乐界的一代宗师，琵琶专业学科的开拓者、奠基者。他是一位学者。他求真务实，笔耕不辍，发表和出版了数十篇论文、专著和曲集，取得了丰硕的科研成果，还录制了不少琵琶专辑，他为我国琵琶事业的发展呕心沥血，鞠躬尽瘁。作为教育家，他言传身教，诲人不倦，为中国的琵琶事业培养了一批杰出的演奏家、教育家，对中国的琵琶专业学科发展做出了杰出的贡献。林先生的琵琶演奏功底深厚，方法正统而科学，风格多样。他博采众长，将中国众多传统流派优秀的琵琶技艺发挥到极致；另一方面，他在全面深入学习、总结传统的基础上又不断地改革和创新。

　　林石城先生是我的老师，也是我外祖父沈浩初先生的得意门生。他勤奋好学，潜心钻研。由于他对琵琶的热爱和投入，所以在演奏技艺上进步很快。他文化底蕴深厚，又勤于思考，善于研究，能较快领悟到浦东派琵琶的演奏特点和精髓。他为人忠恳，不逐流波，崇德尚艺，尊师善学，对沈浩初先生非常尊重，所以沈先生对他也格外关爱，把浦东派琵琶的一些精华

林先生在上课

毫无保留的传授给他。他在学好浦东派琵琶的基础上又不拘于一宗，还博采众长，将传统技法发挥到极致。由于他的热爱、好学和投入，所以在琵琶的演奏和教学在相当长的一段时期内，一直起着引领的作用。

一、呕心沥血16年编著《养正轩琵琶谱》

沈浩初（1889年春—1953年10月28日），南汇黄路团结村杨家浜人，出身于中医世家，是一位医术高明、医德高尚的中医师，一代名医。沈浩初自幼即开始学习中医，少年时受道教音乐班熏陶，于是爱上了丝竹。后又得到鞠派名师倪清泉的真传，主攻琵琶。他平时除了为病人忙碌、巡诊、开方外，每

林先生在上课

天还得保持足够的时间练琴，凭着个人聪明智慧和刻苦钻研的精神，琵琶的技艺很快就达到了一定境界。在当时，他的医术和琵琶、丝竹均已高人一筹。空闲时他经常到南汇县城与倪清泉的门徒、南汇丝竹"四大金刚"金书生等一起操琴合乐，共磋琴艺。我外祖父沈浩初不但酷爱琵琶，他也喜欢小提琴，他曾经购了一把小提琴挂在他家的板壁上，在为人门诊之余有时也拉一会儿提琴。

沈浩初不但精通演奏，还研究音律和钻研古代文学艺术，他曾编写了《元人乐府集》共16册。为了不使许多宝贵的民间艺术之精髓濒临失传，他将浦东派所传递之精华根据自己学习和演奏的体会加以研究整理，于20世纪二三十年代悉心编著了

《养正轩琵琶谱》。为了编著《养正轩琵琶谱》，整整花费了十多年时间（都是用小楷笔工正写的工尺谱）。夜晚，他伏案提笔，午夜始歇。他的目标是不使一首琵琶谱遗漏，不让一种技法失传。除了给每首曲谱的演奏要领、乐曲含义作精辟阐述外，对曲谱的标记更是精细。他将每个音符应在哪条弦、哪个把位、用哪种指法演奏都一丝不苟，标得清清楚楚，为后人按谱寻声提供了依据，并对工尺谱的每个音符、节拍、指法再三校正，对"弹挑、滚轮、扫弦、推挽"等符号亲自描绘，并附排在工尺谱的左边，方便后人学习。为了对后世负责，他将样稿排出后，在家中再次圈点，认真校对修正。1938年他又重新加以整理，在初稿基础上再进行增删校订，反复精工细雕，不久这本崭新的工尺谱三卷线装本终于在南汇出版面世。沈浩初为人正直，他常说"人生一世，应该多做一些事，多写一些书，死后为后代留些有用的东西"。他用自己的著作实现了他的诺言。

二、陪同曹安和先生专访沈浩初先生

20世纪50年代初，民族音乐研究所汉乐室主任曹安和先生曾到各地采访一些著名的民族音乐家。在1953年春，曹安和先生在林石城的陪同下到南汇陆楼（我老家，这段时间我外祖父在我家）拜访了沈浩初先生，看到了他的原稿《养正轩琵琶谱》后非常高兴。林先生见到我外祖父也非常兴奋，那天晚上他俩聊到深夜才入眠，并且谈到要把《养正轩琵琶谱》翻成简谱和五线谱的问题。曹安和先生回到北京后写信给沈浩初，表示要再版《养正轩琵琶谱》，并请沈浩初录音。当时因身体欠佳，回信表示先把自己的身体养好，待到明年春天再录音。谁知，就在当年秋天，沈浩初先生因病离开了人世。后来，杨荫浏、曹安和请出了能代表沈浩初先生演奏水平的得意高徒南汇横沔的林石城。1956 年，林石城调入中央音乐学院担任了琵琶专业的教授。

三、受恩师之托承担了整理、传授之责任

林先生在没有调到中央音乐学院之前，已立志要把琵琶当作自己毕生的事业，因为他喜欢琵琶。他是个中医，门诊之余就操琴习艺，钻研琴技。他跟沈浩初先生学习琵琶是非常认真的，练习也刻苦，所以在演奏技巧、表现力、韵味方面学得比别人要好，基本功也扎实。经过多年的学习、磨砺，他基本上能把《养正轩琵琶谱》完整、准确地演绎出来。我外祖父曾跟我说："我有好几个入室弟子，个个都不错，但林石城是最出色的，也是我最得意的弟子，加上他还有深厚的文学功底。"所以沈浩初先生为了把浦东派《养正轩琵琶谱》传下去，就把工尺谱翻成简谱，后又译成五线谱的这个艰巨任务交给了林石城。经过多年的努力，他终于把五线谱译稿完成。后来由于各种政治运动和"文化大革命"的原因，一直拖到 1983 年 9 月才由人民音乐出版社出版，他终于完成了恩师沈浩初的遗愿，这也是林石城对浦东

派琵琶传承和发展所做的一大贡献。林石城先生曾感慨地说："浦东派琵琶流传下来，使中国人知道，外国人知道，绝对离不开《养正轩琵琶谱》，而《养正轩琵琶谱》绝对离不开他的编纂者——我的老师沈浩初先生，没有《养正轩琵琶谱》也就没有浦东派。"在"文化大革命"所谓的"破四旧"中，我外祖父家有二三十箱线装古书都被烧了，这套手写原稿《养正轩琵琶谱》幸好在林先生处，所以幸免于难。

《中国民族民间器乐集成上海卷》的主编李民雄在文中作了很高的评价："陈子敬的再传弟子沈浩初对浦东派琵琶发展做出了杰出贡献。沈氏一方面培养出一批优秀名家，另一方面又对浦东派琵琶进行了整理和研究，编著了《养正轩琵琶谱》。他以严肃认真的态度整理乐谱并对演奏技艺、乐曲处理等方面发表了独特的见解。"

沈浩初先生将这本琵琶谱题名为"养正轩"，这与他的为人有着密切的关系。他秉性忠厚老实，为此他做人都以"养正"为座右铭，曾把自己的诊室题名为"养正轩"，所以把琵琶谱也题名为"养正轩"。

现在浦东派琵琶在 2008 年 6 月被中华人民共和国国务院定为"国家级非物质文化遗产——琵琶艺术·浦东派"，并在南汇新场古镇建立了"浦东派琵琶"馆。

四、为人忠恳，崇德尚艺，尊师善学

林先生的琴艺不局限于浦东派的大套琵琶曲，他还学习其他流派的一些曲目。当时沈浩初跟平湖派的吴梦飞、崇明派的沈肇洲先生等交往较多，他们经常通过写信约定在上海南市半淞园的惠中旅社见面，切磋琴艺，所以沈浩初建议林石城向这些前辈们学点他们流派的曲子。后林先生跟吴梦飞先生学习了《平沙落雁》。他也非常尊重这些前辈，有时还拜访一些其他的老先生，学习他们的长处。在1959年暑假我回上海时，特意让我到虹口海伦路吴梦飞先生家去看望，还带去一封亲笔信，同时也让我代他看望了其他几位老先生，从这点可以看到林先生待人是很中肯的。

五、源治学严谨，补遗求源，尊史求源

林先生在学术研究方面是很严谨认真的。比如，琵琶各派的流传状况一表，他都经过了多次调查、走访、考证后才写的。我在中央音乐学院上学期间，在他忙不过来时，也让我帮他用复写纸誊写一些资料。1957年暑假期间，他为了能找到清代乾隆嘉庆年间《鞠氏琵琶谱抄本》，让我陪同他一起到南汇县城东门鞠士林（1793—1874）老家去寻访其后代，在那里找了两天才见到了《鞠氏琵琶谱抄本》。这份工尺谱手抄本经过林石城译成简谱后，1983年7月由人民音乐出版社出版，书名为《鞠士

林琵琶谱》。在这两天中，林先生和我还抽空去拜访了沈浩初先生的师兄张仲良，看到了他的一把好琵琶，象牙相，背面还刻了字。后来张仲良先生去世后他想收藏这把琴，经张仲良家属同意后我把这把琵琶寄给了林先生。

六、潜心研究探索，形成独特的教学理念

林先生在教学上很重视基本功，尤其是快速演奏技巧。当时的前辈程午加先生曾这样评价他，"沈浩初原是个中医，在他的学生中林石城是较出色的一个。林石城也是中医出身，现在中央音乐学院任教授，他在琵琶演奏上有很多创造性，提倡快夹弹、快轮，不但编了一套琵琶练习曲，还编了不少琵琶乐曲。他对老一辈的传统演奏方法都有新的突破，使琵琶演奏艺术又前进了一步。"①

我在与林先生的学习过程中深感基本功的重要性，如果没有扎实的基本功，很多乐曲是不可能演奏好的，更谈不上音乐表现和韵味了，也不可能表达乐曲的深刻内涵。林先生的基本功确实很好，示范做得多，能把每首曲子的难点、要点演示给我们看，受益匪浅。"示范"这两个字做起来也并不那么容易，他必须先去练习才能熟练，进而感受和体验，从中找到有效的练习方法去教学，这也是作为老师教学责任心的体现。我在林

---

① 摘自南艺学报《艺苑》1983年第3期。

先生的影响下经过十多年的探索，研究了琵琶基本功的训练法，在 1979 年全国琵琶教学会议上，我发表了《关于琵琶基本功训练的几点体会》这篇论文，得到了业内同仁的一致好评。现在"中国琵琶之乡"领军人物我的学生周显顺从我这里学到了琵琶基本功训练法，快速技巧练习法等，所以他的基础教学经验丰富，成果显著，他创办的"显顺琵琶学校"每年为音乐院校输送了大批优秀学生。基本功不同于练习曲和音阶练习，若将这三者混为一谈，认为只通过练习曲就能把基本功练好，其实是不科学的。林先生还提出一定要重视艺术实践，因为它是成才的必经之路。

七、艺术流派互补兼蓄，
在继承传统的基础上又有所发展

林先生对传统乐曲的演奏是很讲究的，他曾把沈浩初先生教他时说过的一句话告诉我，"先学好一派的基础之后，再去学习其他流派的长处"，他的意思是让我们首先要把浦东派的优秀传统曲目学好，学到位，尤其是韵味，只有真正掌握了它的演奏要领和特点才能称之为"学会"。当然要真正演奏好还需要一段时间的磨炼，这也是保护传统、继承传统、尊重传统的一种理念，在这个基础上才谈得上去创新和发展。现在时常在听完有些人演奏传统琵琶曲目后感觉韵味不足，原因就是没有认真学到家。

林先生的左手行韵能力很强，我们上课时先将曲子弹一遍给他听，他再指出问题，然后把乐曲的关键点演示给我们看，

讲解要领，再让我们去模仿。譬如在推拉弦过程中哪个是强音、哪个是弱音、音是先推还是先挽，以及什么音色、力度等讲得都很详细。"韵味"说起来很简单，但弹起来就并不那么容易，需要耐心的磨炼才能逐渐找到感觉。它不只是一个技巧问题，还包括音乐修养和理解的问题。每首乐曲都有自己的风格和韵味，如果不讲究韵味，演奏就会苍白无力，无法打动听众。还有在张力滑音，就是我们常说的推、拉等指法上，以及弦数变化上，他分得很细致，这样听起来音乐的表现不会很单调，比较复杂和丰富。

在演奏方法上，林先生认为应在科学的基础上鼓励学生的自我发展。比如我的轮指是下出轮，他就鼓励我说"练好了也一样"。经过多年的练习钻研，我发现下出轮和上出轮各有特色。林先生在编写教材的过程中还注意到系统性、科学性、先进性，这些也可以从他出版的诸多教材中看出，他也是在不断地追求完美。他后来又改编了不同地域风格的河南板头曲《高山流水》《陈杏元和番》、客家音乐《出水莲》、广东音乐等等，进一步挖掘了琵琶的演奏技法和不同风格中所包含的韵味。

浦东派琵琶在鞠士林、鞠茂堂、陈子敬、倪清泉、沈浩初、林石城等老一辈的世代相传下留下来很多有名的乐曲；而林先生兢兢业业的教学态度、负责朴实的教学作风让我们受益匪浅。我们将把这些优秀的文化遗产继承下来，传承下去。这也是我们对林先生最好的纪念！

《琵琶名曲 18 首 VCD》之我见

——谈林石城对浦东派琵琶的巨大贡献

■ 李国魂

李国魂：著名三弦、琵琶演奏家。1937 年生于上海市。1951 年学习苏州评弹；先后师从琵琶泰斗林石城先生及汪派琵琶大师李庭松先生学习琵琶；1956 年考入总政歌舞团后师从三弦大师白凤岩先生学习三弦。1970 年至 1981 年任总政歌舞团乐队队长，其间，除参加大量合奏、独奏、重奏的演出之外，还为民族乐队创作了许多优秀的作品。现为中华民族文化促进会会员，中国音乐家协会会员，民族管弦乐学会三弦专业委员会顾问，中国音乐家协会琵琶研究会会员，中央音乐学院弹拨乐团副团长。

各位领导、各位同仁：

首先热烈祝贺中央音乐学院民乐系为纪念林石城教授诞辰90周年而举办的学术研讨会，并预祝研讨会圆满成功！

一

林石城先生是浦东派的第六代传人，他一生为浦东派琵琶艺术的普及和提高做出了巨大贡献。无论是在顺境还是逆境中，他始终坚持琵琶教育和创作。由于种种原因他的事业曾受到很大的冲击，受到了极不公正的待遇，在家赋闲十几年。其间，他除了到一些省市的音专去代课，剩下的大部分时间都是待在家中。但他并没有休息，教了大量的学生，包括各地专业师生登门求教。同时，他还在搞创作，如他的《琵琶教育大纲》，就是在"文革"期间写成的。林先生把一生都奉献给了中国民族音乐事业，特别是出版《琵琶名曲 18 首 VCD》，是林石城先生对浦东派琵琶艺术的巨大贡献，也是林石城先生留给子孙后代一份极其珍贵的文化遗产。《琵琶名曲 18 首 VCD》可以说是浦东派琵琶艺术的一部经典之作，使浦东派琵琶艺术走上巅峰。林先生对浦东派琵琶的理解和演奏水准超过了以往各代传人，他也是我所见过的众多琵琶前辈名家中最出众、最全面的人。

据我所知《琵琶名曲 18 首 VCD》是林先生在 1978 年落实政策回到中央音乐学院工作后录制的，当时的林先生大约五十

林先生 50 年代在上海。前排左起：车福、林石城、曹东扶、邹发祥
后排左起：徐国源、熊青云、周骥

多岁，中央音乐学院对林先生特别重视，对他的工作也特别支持。林先生是在一种感恩和幸福的情感中录下了这 18 首乐曲，此时也正是他艺术生命最旺盛的时候，演奏技艺也达到了炉火纯青的时期，所以这 18 首乐曲的录音也是林先生本人最得意之作。后来到了 90 年代，有出版社要出版他的教学光盘时，他用了音配像的方式出版了这套教学 VCD，同时对每一首乐曲子作了讲解，包括乐曲背景和各个曲子的要点和难点。VCD 的封底有一段话："林石城教授通过讲解、完整示范 18 首传统乐曲，系统阐述了琵琶各种技巧的练习以及乐曲的风格，尤其对浦东派的技术、风格做了详尽的讲解示范。"这个评价讲得很好，但其中

1956年5月20日琵琶同好者小集于上海复兴公园
前排左起：吴景略、樊少云、吴梦飞、吴振平；后排左起：樊伯炎、戴尧天、金绒三、林石城、陈恭则

有一个误解，这18首曲子并不完全是传统曲目，有一半是浦东派的传统曲目，另一半是林先生改编和移植的曲目。也正是这后一部分证明了林先生发展浦东派琵琶艺术的成就！一次偶然的机会我问先生，为什么有的地方您的手法和乐曲对不上？他才给我讲这是许多年前录的音，现在要弹得话恐怕弹不到这个水平，先生是实事求是的人。

从表面上看起来这是一套经典的教学光盘，但它同时也是一部概括林石城先生继承和发扬浦东派琵琶的演奏大全。它全面反映了林先生对浦东派琵琶艺术的深刻理解和他精彩的演奏技艺。这也是一部百看不厌、百听不腻的珍品，你在任何音乐会上都很难欣赏到如此绝代的高超音乐。

如今，我们已经进入了数码时代，林先生的《琵琶名曲 18 首 VCD》为我们的后代学习浦东派琵琶艺术留下了宝贵的遗产，我们和我们的子孙后代想学浦东派琵琶只要照着《琵琶名曲 18 首 VCD》学就绝对不会出偏差，就能学到浦东派琵琶的真谛。一位长春的学生跟着《琵琶名曲 18 首 VCD》学会了《海青拿天鹅》，弹得相当不错。

二

1977 年 1 月，在纪念周总理逝世一周年的演出上，我和刘宝珊遇到了中央音乐学院院长赵沨老师。当时我们和赵院长谈起林先生的落实政策问题，从当时赵院长的口气中明显感到他对林先生受到不公正待遇深感同情。其次，他对林先生的才能有很深的了解。那以后我和刘宝珊经常去新文化街赵院长家，去和他商量如何更快地帮助林先生早日落实政策，早一点回到音乐学院上班。一次赵院长对我讲过一段话：如果你的老师不来音乐学院工作，继续当他的医生，也许不会受到这些不公正的待遇。可是他喜爱音乐，喜爱琵琶，来到中央音乐学院以后他做了很多工作，也挨了整……也许这就是命运吧！赵院长也让我们去文化部找过王友棠等好几位领导，托他们想办法解决林先生的问题。当时李光祖在上海也通过王任重等人想办法，为帮助林先生出过不少力。林先生在 1978 年终于落实了政策回到中央音乐学院。事后我才感觉到当时我们虽然也没少出力，找过很多人，跑了不少腿，但是最终也没能帮上多少忙。因为先生的问题是和党的政策直接相关的，不到这一步找谁也没用。当然我作为一个学生从感恩、报恩的角度上讲，出多大的力都是义不容辞的。当时我和刘宝珊商量，我们认为林先生应该到北京来，由他自己和音乐学院联系，也许问题会解决的更快一些。所以我就把林先生接到北京来住在我家中，我们和先生在一起商量找各方面的领导来解决问题。

就在林先生住在我家三个多月中，我确实受益匪浅。

1. 我在1956年参加总政歌舞团之前跟林先生只学了不到两年，主要是学习基本功和练习曲。最大的曲子是大小《阳春》和《龙船》。浦东派的大套曲子包括：《十面埋伏》《霸王卸甲》《武林逸韵》等，都是我根据养正轩的油印本自己练习的。1977年林先生住在我家期间，先生对我所练过的曲子一首一首地纠正错误，说明要领，并都给我做了示范演奏，使我对浦东派琵琶的理解和演奏有了很大的提高。有一天先生突然问我想不想学《海青拿天鹅》，我说我能行吗？先生说有什么不行，只要你肯下功夫练，当然要弹好是不容易的。我当时又是激动又是高兴，林先生肯把他的绝活教我，这真是我求之不得的。先生还对我讲，练曲子就是练功夫。功夫这东西看不到，但是能感觉到，一个曲子乃至一种技巧在正确方法的指导下，无数次反复地练习就能练出真功夫来。你手上有了真功夫，那你活到80岁就能弹到 80 岁。你活到 90 多岁路走不动了，但是你的儿孙把琵琶拿到你手里，你照样能弹（同样的理论我的三弦老师白凤岩先生也对我讲过）。林先生 80 多岁还到香港演奏《霸王卸甲》，还有白凤岩先生的弟弟、战友歌舞团的白凤霖先生（也是我的三弦老师），今年 93 岁了，我们去看望他时，他照样能熟练地演奏大三弦和琵琶。先生还说，为什么有些人弹到 50 多岁就不能弹了呢？一般来说有两个原因，一是方法不对，二是功夫不到家，手上没功夫。

2. 林先生是一位天才，但他更是一位勤奋刻苦的艺术耕耘者。在我家期间先生一天的生活就是练琴、看书、看报和埋案写作。他住在我家期间正是他在写琵琶教学法大纲的时期。

3. 他的生活理念也深深影响了我。先生对自己的生活很有节制，吃饭时细嚼慢咽，很少吃煎炸或油腻的食物，也不吃太烫的食品。早上他爱吃水泡饭、皮蛋、咸鸭蛋和酱菜。中午米饭炒菜，晚上他爱吃面条或馒头等易消化的食物。一天晚上正好我爱人不上班在家，就给先生煮了牛肉面，热腾腾地端到先生面前，先生就是不吃。我和孩子们都等着他吃，我们也好动筷子，我就跟先生说趁热吃，先生说：“慢慢来，太烫的东西不能马上入口，否则烫伤舌头是小事，如果烫坏了食道就麻烦了，因为食道内的伤口不易愈合，久而久之，会发生病变。”我是在部队里长大的，吃饭特别快，从此以后跟着先生吃饭放慢速度。原来我有慢性胃炎，此后也渐渐好起来，至今没有复发过。先生在我家期间我向他学到了很多东西。

三

我们应该怎样对待继承和发扬传统的问题。

1. 先生在《琵琶名曲 18 首 VCD》的处理上为我们树立了榜样，其中有一半是传统曲目，一半是改编和移植的民间曲子。先生对传统曲目没有做删改，只是在太长的曲子中稍加删节，减少一些重复的段落。有的乐句看上去是增加了几个音符，那只是把老先生在演奏时即兴的东西记录了下来。我问过先生为什么谱子中的音符会有大字小字之分？先生说："简谱手刻本《养正轩琵琶谱》中的大字音符是沈老师传谱中写明的音符，小字音符是他在演奏中即兴发挥的，我把这些即兴的演奏都记录了下来。"其他一半曲目可以说是先生用浦东派的特点来改编和移植的，这就是先生发扬和丰富了浦东派的琵琶艺术的贡献。

对传统曲目的随意删改是对传统的破坏，既不尊重前辈，也是对我们的子孙后代不负责任。"四人帮"时期于会咏把《十面埋伏》改得面目全非，这是对文化遗产极不严肃的态度，是对传统的破坏。为此，林先生十分不满，还曾和刘德海闹过一场误会。后来我和先生说明了情况，误会也消除了。但是对这个版本的《十面埋伏》我还是有不同看法的，大家在考级时或是当评委时应该经常能听到这个版本吧！我认为目前汪派李庭松先生的《十面埋伏》和浦东派的《十面埋伏》都非常好，希望各位同仁能一起来摒弃于会咏的这个版本，如果刘德海先生凭他的影响力能一起来摒弃它的话，那就容易得多了。

2. 切不可将传统曲目随意删改而成了个人的流派。明明是传统曲目，却标上了某某人演奏谱，我认为对待传统应该保守一些。现在一提保守一般人都认为带有贬义，其实保守也有正面的意义。"保"是保持传统的原汁原味；"守"是守住祖宗的文化遗产。拿着先辈传给我们的传统乐曲，经过自己的随意删改，然后书上自己的名字，大家想想这是一种什么行为？如果我们能守住祖宗传给我们的文化遗产原封不动地一代代传下去，让子孙后代能欣赏到原汁原味的传统乐曲，这就是我们应尽的责任。

自 2005 年 12 月先生离开我们之后，至今没有一位能全面传承林先生及浦东派琵琶的代表人物。其实，有没有也不重要，重要的是林先生已经为我们留下了 18 首经典曲目。我想，这次研讨会的举办也能反映出我们中央音乐学院对这一文化遗产的高度重视，我更希望中央音乐学院在今后的教学中让学生多学一些浦东派的乐曲，并建议中央音乐学院成立一个浦东派琵琶研究室，除本院老师外也可吸收院外的有识之士参加，使浦东派的琵琶艺术能得到更好的传承和发扬！

我曾对林先生的儿子林嘉庆先生说过："你应该学你爸爸的演奏技艺和演奏风格……"我敢断言，在演奏浦东派琵琶的所有演奏家中还没有一位能和林先生相比的，更谈不上超越了，任何对浦东派琵琶乐曲的任意删改都是一种无知的表现。

零距离体会浦东派艺术

■ 郝贻凡

郝贻凡：中央音乐学院民乐系教授。1956
年出生于内蒙古包头市的教师家庭。1970
年开始学习琵琶，师从内蒙古包头市歌舞团
的李凤桐老师。1972年考入内蒙古广播电
视艺术团。1977年考入中央音乐学院民乐
系本科，师从李光祖、王范地、林石城等教
授。1982年毕业后留校任教至今。出版过
个人独奏专辑、"阿炳"专辑、"赶花会"拼盘、
谛观发情拼盘，担任台北市立国乐团出版的
《中国音乐·琵琶介绍》（录像带）中的独奏、
"汪派"李廷松演奏谱的校对、"汪派"琵琶
谱由工尺谱翻至简谱及李光祖琵琶基本弹奏
方法的整理工作。近年来发表了：《琵琶考
级中常遇到的问题》《琵琶基本方法之我见》
等文章。

尊敬的各位领导来宾，全国的同行朋友们，大家好！今天我们有幸聚在一起，为纪念我们琵琶大师林石城先生诞辰 90 周年开这次学术研讨会。前面的理论家们已经对林先生的一生做了详细的定位，我在此仅从学生的角度谈一下我的恩师。

如果把林先生的一生分为两个阶段，那么 1956 年调入中央音乐学院是第一阶段，而 1979 年再次回到中央音乐学院工作是第二阶段。林先生对中央音乐学院民乐系琵琶专业，有着不可否认的卓越的贡献。而在不同的两个时期，他所做出的贡献也是不同的。

第一阶段只有短短的五六年时间，但对于林先生来说却是十分重要的时期，那时他仅 30 多岁，精力充沛，心态端正。从一位专业的中医大夫和业余琵琶高手，一下调入了最高音乐学府。时代赋予了他最好的时机，让他的发展达到了巅峰。

他在学院的贡献可以从这几个方面来看。首先，在教学上，林先生培养了我们的琵琶大师刘德海、叶绪然、邝宇忠、陈泽民、吴俊生等一批院校级的老师，还培养了一批在文艺团体的演奏人员。历史证明，这一批教师及演奏家们都在当代的琵琶教学和舞台上起到了承上启下的作用，贡献也是有目共睹的。

其次，在教材建设上，林先生一心想要建设一套完整的琵琶专业教材，因此编写了都可堪称为"第一本"的《琵琶教材》《琵琶曲谱》等。在那个特定的历史时期，艺术院校刚刚设立琵琶专业，而林先生进入中央音乐学院后一切要白手起家，从零

80 年代照片

做起，一步步尝试编写适应院校教学的教材。在当时的条件下，能有这样的思路来编写教材，实属不易。

除此之外，他还移植了很多民间乐曲来充实教材的不足，比如改编的有《陈杏元和番》《高山流水》《出水莲》《三六》《行街》等。这一批民间乐曲即使在今天的琵琶教材中也起着积极的作用。

再次，在创作上，林先生是一位非常有创新意识的人，在中央音乐学院这样的"洋学院"里，他很有创新意识。最有代表性的就是改编的古曲《夕阳箫鼓》，其中用了诸多复调的因素，为单一旋律性的琵琶古曲增加了新意，对当时琵琶水平的提高起到了积极的作用。同时他还创作了一批具有时代声音的乐曲，

1979 年在成都叶克仪家宴上

如：《青春舞曲》《海河之歌》《捉迷藏》《山丹丹开花红艳艳》，并移植了一批外国乐曲，如《土耳其进行曲》等等。

从以上几个方面我们能感觉到，林先生的第一个时期，是将自己的主要精力全方位地放在教学和教材的建设上。

林先生的第二个时期，再次回到中央音乐学院工作，已经进入到五十七八岁的年纪。对于一个年近六旬的老人来说，又一次举家北迁，诸多生活中的问题暂且不谈，从一个人的精力来讲，也应该说不上是最佳年龄了。经过运动的磨难，这个时期的林先生对人生的感悟应该是更加的丰富了。他倍加珍惜这来之不易的二次机会。他曾亲自对我说，他每天早上四五点钟就开始写作了，而白天他也从不耽误教学工作。

从今天他给我们留下的宝贵资料看，他的事业巅峰与他自己的责任心和勤奋是分不开的。

"文革"之后的老师，也到了思考自身价值的年龄，他走后的近 20 年音乐学院的琵琶教学已经发生了相当大的变化。从学生的状态来看，已经由刚刚建设时的几个学生，发展到他回来时有几十个学生的状态。而林先生这个时期的工作重心是把梳理和传播"浦东派琵琶"放在了首位。这一时期他大量整理了"浦东派"琵琶的乐谱，把他所了解的"浦东派"源头的东西，尽量收集整理出来。如《鞠士林琵琶谱》简谱、工尺谱的对照出版，沈浩初先生编写的《养正轩琵琶谱》的再整理工作，尤其是过去的手抄谱到后来的简谱的演变过程，为后学者铺垫了详尽的说明。他还编撰了《琵琶教学法》等近 20 多部专业书籍。现在回忆起老师被迫害近 20 年后，在布满荆棘的道路上，还能一味地追求琵琶事业，把个人的一切置之度外，将对琵琶的热爱置身于自己的血脉中，这对常人来讲，真是太不容易了。在他的晚年，他筹办了"全国琵琶教材会议"，为琵琶专业化的建设再尽余力。此会议连续举办了三次，促使了教材的传播，院校之间的沟通也有了良性的发展，并于中国音乐家协会成立了"琵琶研究会"组织团结了全国的专业、业余琵琶教师，让琵琶事业向着良性的轨道发展。

下面谈一点我和林先生的学习过程。"文革"后的 1978 年，我考入中央音乐学院。那个时代的我，可以说对琵琶历史一概不知。"文革"的封闭既没有专业的书可看，也没有听过什么琵琶音响资料。启蒙老师只教我了一点基本方法，样板戏片段等，如：《都有一颗红亮的心》和《解放军进行曲》，就这样正式考上了内蒙古广播电视艺术团。1972年工作后单位领导非常开明，把我送到北京到"汪派嫡传"李光祖老师门下学习琵琶，从那时起才得以听得一些琵琶的专业乐曲，如：《唱支山歌给党听》《浏阳河》《赶花会》《彝族舞曲》等等，后来"文革"运动慢慢结束了，李光祖老师也开始教我一些汪派的古曲。

经过5年的学习，我于1979年考入中央音乐学院，正赶上林先生第二次回音乐学院工作，我就从那时起开始和林先生学习琵琶。当时我感觉最大的困难就是在对浦东派乐曲的学习上根本找不到感觉，因为每个人学习都有先入为主的问题，而我恰恰先学习了"汪派"。同样是琵琶演奏，流派之间的差异之大是不言而喻的。审美的不同，音乐趣味的不同，方法上的不同，让我当时既困惑又难受。这时的林先生也看出了我的问题，一点不说我的不对，而是鼓励我保留好原来学习的东西，并竭尽全力地让我了解、学习浦东派，循循善诱，耐心地讲解浦东派的特色。现在的我已是教学30多年的老师了，深有感触老师的良苦用心和老师博大的胸怀，每每想起来让我心中都怀有一份敬意。

在这些年的教学工作中我对浦东派琵琶的特色有了些自己的认识，体会较深的应该是浦东派对特别技术的追求意识很强。如林先生常讲的"锣鼓乐"，他说从陈子敬先生开始到后来的每个传承人必弹的曲目之一就是《龙船》。《龙船》的"锣鼓乐"就存在"并弦"这种特技，也就是说用打击乐效果渲染气氛，用到琵琶上是浦东派主要的特色之一。浦东派《龙船》失传以后，林先生经过寻访学习，把原来《龙船》做了重新地加工创作，使之成为今天我们所弹的《龙船》，可以想象他对"泥古"和"创新"上所花费的心思。这是一个非常典型的使用特技"并弦"的例子，而这首乐曲还仅仅是"并二弦"。那么在浦东派的大曲《海青拿天鹅》中，林先生对此技法也极其地重视，每一个学生都知道林先生对这个曲子的情怀，林先生把此曲当作传承"特技"来传授。今我们来看此曲，它的旋律并不优美，只是由于有"并四条弦"这一特技而被推崇，林先生也常常讲到瞬间并上四条弦的这一方法，由此可以看出先生对这一"特技"的青睐。这些技法也让我在学习中受益，同时也看到老师对"特技"的执着，而且这种执迷就是在不遗余力地为浦东派的传承和发展而努力。由此可以看出，艺术的传承是多么需要这样执迷的人去追求才可能在漫长的历史长河中留下一点印迹。

再如《霸王卸甲》浦东派版本也在最后战场的渲染上动了很多的脑筋。在此段中也大量的使用了并弦、绞弦。变化无常的艺术语言，也恰恰形成了浦东派风格的基础，也使这首传世之作有了不同的渲染方式，突出了浦东派对特殊演奏技术的开发。

另外讲一点文曲中的特技应用，林先生把左手的技法细化了。他把揉弦分成大而快、大而慢、小儿快、小儿慢，这样就限定了演奏者的自由度。我个人认为，左手的吟揉都是随着乐曲的进行因个人情绪而定，一般左手都不做标记，而林先生在演奏中，恰恰对于左手的标记做得极为清楚，这也正是浦东派的特色之一。在左右手的弹奏动作中，他很重视弹弦的部位、手指的运动、触弦的角度和用锋，也包括"大开门""小开门"等。在乐谱的标记上也注明上、下、中等。由于以上这些因素被定型为浦东派特色。从优点看，它花哨、华丽、音色丰富、变化多、处理细腻，为音乐增加了很多的亮点。

以上我的学习经历告诉大家，学习传统是非常重要和必要的，如果你认真地临摹过一个传派，一定会了解它也知道它的优缺点，并能知道继承了什么，发展了什么。

综上所述，林先生这一代琵琶大师，他们虽然没有读过高等艺术院校，但是他们是有着良好民间艺术素养的艺术家；而他们对艺术的追求，是出于真正对于艺术的挚爱，是热爱让他们倾尽全部，更是由于他们这一代传承人的责任心，才得以把传统的东西保留下来。因此保护传统，是我们每一个人的责任。而我们中央音乐学院既是一个引领世界一流学术的艺术院校，也一贯在保留传统上给予了大力的支持。从林先生到后来一代代老师的坚守，中央音乐学院的琵琶教学成果是斐然的，也是全国艺术院校琵琶教学中的佼佼者。这里有教师们的默默耕耘，更与林先生为我们打下的良好基础密不可分。

继承流派，传播与发展，任重道远！

学而不厌 诲人不倦

——追忆琵琶泰斗林石城先生

■ 孙树林

孙树林：琵琶演奏家、教育家，吉林艺术学院教授，硕士研究生导师。系中国音乐家协会会员，中国琵琶研究会理事，中国琵琶学会常务理事，吉林省音乐协会理事。自幼学习多种丝竹乐器，后专攻琵琶。20世纪50年代末，从师于琵琶演奏家周新初和琵琶演奏家、教育家、"汪派"传人李廷松先生数载，深得其艺。

我国当代著名琵琶演奏家、教育家，浦东派琵琶一代宗师林石城先生诞辰 90 周年之际，缅怀追忆先生之艺术生涯与杰出成就，心中充满敬仰与感慨之情。先生从事琵琶演奏与教学 60 余载，谨遵师嘱，弃医从艺，崇尚热爱民族音乐文化，历尽艰辛与坎坷，无论顺境逆境始终如一。身体力行、无怨无悔，勤奋刻苦、博采众长，继承传统、融会创新，学而不厌、诲人不倦，终于在教书育人、创编教材、移植改编及创作琵琶乐曲、整理出版《养正轩琵琶谱》《鞠士林琵琶谱》《陈子敬琵琶谱》等传统曲集、撰写《琵琶演奏法》《琵琶教学法》等专著及百余篇学术论文、灌制唱片、教学片、盒带、CD、VCD、DVD 等音像资料，以及琵琶乐器制作与革新方面做出了突出贡献。他还作为全国琵琶专业高等教育的学术带头人，多次组织"全国高等音乐艺术院校琵琶教学研讨会"并到全国各地及海内外讲学、举办各种音乐会，推动了中国民族音乐的振兴与发展，使之走向世界，所以，林先生是当之无愧的最杰出的一代琵琶宗师和民族音乐家。

一

为普及提高全国音乐艺术院校琵琶教师（及演艺团体琵琶演奏员）的演奏、教学、科研与艺术实践能力，林先生亲力亲为，不辞劳苦，四处奔波，协调各种关系，主持召开了多次"全国高等音乐艺术院校琵琶教学研讨会"，及全国各类琵琶大赛，成

林先生 1979 年照片

立"中国琵琶研究会"等学术研究团体。从粉碎"四人帮"后的 1979 年在成都召开的"首届全国琵琶研讨会"始，先后在上海（1980 年"上海之春"全国首次琵琶大赛）、济南（1982 年全国民族器乐大赛）、昆明（1985 年第二届研讨会）、北京（1989 年"山城杯"全国琵琶大赛、"ART 杯"中国乐器国际比赛）、西安（1989 年第三届研讨会）、珠海（1990 年"中国琵琶研究会"成立大会）、杭州（1993 年第四届研讨会）、北京（1995 年"中国乐器国际比赛"）、宁波（2001 年"澳美通"杯全国琵琶大赛）、广州（2004 年文化部"金钟奖"全国琵琶大赛）等地举办研讨会及国内国际比赛，为弘扬与振兴民族音乐文化做出了极大的贡献。

2000 年照片

二

　　林先生在半个多世纪的教学生涯中，教授各层次的学生千余人，不论年龄大小，专业或业余，流派、地域与国籍，先生不辞辛苦与年迈，没有寒暑假，认真细致地耐心教导各类学生，反复讲解与示范演奏，矫正乐谱之谬误。先生平易近人、质朴无华、诲人不倦、无私奉献的精神品格，真正体现了大师的风范。

　　笔者乃"汪派"弟子，有幸也曾得到大师的指点和教诲，对大师博大精深的艺术造诣和高尚品格充满了无限的崇敬与怀念。笔者从 1959 年购买林先生的《琵琶演奏法》始，即从内心极其敬仰先生丰厚的学识与勤奋的品格。至 1979 年全国琵琶会议才有幸聆听先生的讲学与演奏，对大师出神入化、古朴典雅的演奏风范极为叹服！此后，虽多次欲向先生求教，但亲睹先生年迈忙碌之身影，求学者络绎不绝，终不忍心打扰之。直至 1989 年"ART 杯"中国乐器国际比赛，学生宋涛获少年组第一名，演奏古曲《霸王卸甲》并考入中央音乐学院附小，林先生赞赏有加。同年 10 月，在西安召开的全国琵琶研讨会上，笔者宣讲论文《一代琵琶宗师——李廷松》，对于笔者不忘师恩，总结李先生琵琶艺术之精髓，林先生充分地肯定了其学术价值并十分感慨。林先生又忆起当年李先生友好相待及忠告与警示，向我详细讲述了其谨遵师嘱，弃医从艺，以及后来受迫害等坎坷遭遇，使我更加敬重先生之坦荡为人及忍辱负重，克服人生长时间受难之超长毅力与坚韧意志。

林先生欣然应允笔者向其求教之请，终于有幸承蒙先生亲授，演奏其移植改编的《出水莲》。此后，近距离接触较多，笔者感触良多。至先生 80 大寿音乐会及驾鹤西去之前，笔者一直得到先生的精准之点拨与教诲，同时得到其关怀与信任，没有流派亲疏之分。

1990 年及 1993 年笔者两次受先生之托，协调解决某些年轻同志的矛盾与纷争，使学术会议得以顺利进行。同时林先生督促与指导笔者撰写学术论文《试论琵琶演奏中"放松与用力"的辩证关系》与《21 世纪弘扬中国民族器乐艺术的历史意义与文化价值》，使笔者在学术科研方面有了长足的进步，受益匪浅。

先生著作等身，育人桃李满天，培养了当代著名琵琶大师刘德海及叶绪然、邝宇忠、陈泽民、李国魂、吴俊生、潘亚伯、郝贻凡、吴蛮、李彤、章红艳、曲文军、陈音等一大批杰出的琵琶演奏家和教育家，为琵琶事业的发展与传承做出了不可磨灭的巨大贡献！

林石城先生永远是我们后辈学习的榜样！

我行天山琵琶路 难忘恩师相携扶

■ 王劲梅

王劲梅：新疆著名琵琶演奏家。1957年考入重庆市歌舞剧团，师从熊化兴先生，1962年进修于四川音乐学院，又师从陈济略先生的面授和函授。同时，也多次得到杨少彝、孙裕德、王惠然等先生的悉心指导。1973年，她调到新疆工作，从事琵琶演奏、教学及创作工作。

今天我是怀着感恩和深深怀念的心情宣读这篇文章的。往事悠悠，旧景浮现。那是 2005 年 6 月 12 日，我在北京看望了林石城先生，万万没想到这次相见竟然是最后的一面。临别的握手竟然是今世的诀别，先生撑着虚弱的身体站在屋中间目送我出门的形象永远定格在我的脑海中。同年 12 月 6 日晚上，这个数字颠倒的日子是个异常寒冷的风雪之夜，正当我在医院病房里忍受骨折之痛的时候，传来了先生离世的噩耗。肢体的伤痛，心灵的伤痛交织在一起，让我经受了一场炼狱般苦痛的折磨。我强依着双拐立在窗前，面朝东方，模糊的双眼对着结了冰花的玻璃，看不见星空，看不见大地，脑子里只响着一句话："先生走了，先生走了……"一阵茫然，一片空白，静夜里，只有墙上嗒嗒的钟表声滴泪般地伴着一夜无眠。我回忆不起那个晚上时间是怎样流逝过去的。

1957 年我考进重庆市歌舞团学生队，师从熊化兴先生主修琵琶。1962 年进修于四川音乐学院，师从陈济略先生。以后又多次得到杨少彝，孙裕德及王惠然等先生们的悉心指导。

1963 年的冬季，四川音乐学院陈济略先生打来电报，说林石城先生要离开成都，路经重庆返回上海，让我帮助预购重庆至上海的轮船票。我和熊化兴老师承担起接待任务，这是我第一次见到先生。在等船的三天里，我们聆听先生弹了许多琵琶曲，初次感受到浦东派琵琶艺术的风韵。特别使我欣喜的是先生手中的琵琶竟然能流淌出古筝的韵味，当即就请先生教我一

2003 年照片。左起：杨鸿年、林石城、汪毓和

首他移编的《出水莲》。虽然这次是初次见面，然而他那渊博的学识，艺高技强的大家演奏风范深深地震撼了我。那儒雅的风度，深邃的眼神，慈祥温厚的神态感染着在座的同志们。拘谨的场面消失了，大家畅所欲言，弹琴弄曲，融洽和谐的气氛温暖了寒冬里重庆歌舞剧团的那间小屋。敬仰和崇拜让我下决心：我一定要去上海追师学艺。时隔不久，中国社会经历了一场连续十几年的浩劫之后，我已经人到中年。

1973 年我调新疆工作，1975 年 6 月，先生从上海寄给我《养正轩琵琶谱》和《迎春琵琶曲谱》两本油印谱，从此我用了近四年的时间自学自练了其中部分乐曲。1978 年 1 月我与先生联系有关学习之事，先生在回信中说：暑假时我在上海，你就

2004 年照片

来上海，只是上海的天气比较热一些，在来之前希将轮二条弦、滚二条弦这两种指法练好，以使在演奏某些乐曲时比较方便些。在曲调方面，请将《三六》《夕阳》《十面》《卸甲》《山丹丹》等先练熟。后来的时间因为先生忙于为复职奔走于京沪二地，期间还兼外校教学任务，所以我没能成行。1979 年，正当我即将启程赴上海时，接到先生电报：近日他要重返中央音乐学院任教，让我改道去北京。金秋九月的一天，凌晨 5 点钟，先生亲自在火车站站台上接我，并且安排了我当天的住处。此时我才知道先生抵京时间仅仅比我早来一天。先生的家还没有迁来，他和小女儿嘉美暂住在一间不大的琴房里，仅有两张单人床和一张书桌。这次我是请事假来学习的，先生每周给我安排二至三堂课，每堂课学大曲一首或者小曲两首。我如饥似渴，拼命地学，先生毫无保留地教，我想学啥他教啥。30余天，我算"抢"学了20首乐曲。事后先生高兴地说："你这一个多月比三年学得还多。我刚回学校，有些教材还没有开始教，就先教给你了。"这次在北京的时间虽然不长，但学习收获颇丰，这为我以后在新疆的演奏、教学和编曲打下了良好的基础。离京前最后一天，先生用他自行设计的铜模子亲手为我制作了六副尼龙材料的义甲。临行这一天下午，先生送我上火车，站台上老人家再次谆谆嘱咐："好好在新疆发展琵琶事业，你右手的触弦角度一定要纠正，要重视这个问题……"车轮开始慢慢启动，先生迈着那不太便利的双腿跟着车厢走，跟不上了才停下脚步大声说："角度一定要改，下月成都会议我要看你改了没有……"车速越来越快，我望着窗外，北京的天气秋高气爽，通身披满金色霞光的先生，远远地还站在那里向西去的列车频频招手。在此前后的日子里，先生常常给我寄书籍、乐谱和录音带，凡我索要的，他总是有求必应。记得在1978年1月，我向先生索要他的演奏录音，他在回信中说："录音带在这几天刚录好，现设法寄来（这里规定录音带不能邮寄，现托人设法寄来），录的乐曲请见另纸，一盘是快速的，一盘是慢速的。由于自己录的，录音机设备不好，有些乐曲录的效果不好，只能参考而已。《海青》一曲由于多年不弹，没有弹出一定效果，过去好多人来要这个乐曲的录音都因此而婉谢，现你要它，虽然录了来，但请切不外传。"之后我和女儿一旦外出路经北京，一定前去拜望先生，同时还要学上一两首曲子。新疆离北京实在太远，所以我与林先生的联系大都是通过书信往来。40 多年间，100 多封信，字字句句记载着他老人家对我的教导和期望，这是恩师留给我的一份厚重的精神遗产。

1981 年春天，时任新疆文化厅副厅长、音协副主席的麦苗先生找我谈话，说我国著名音乐学家、陕西省音协副主席李石根先生不久前来新疆开会时与他讨论一个问题，最近又写来一封信说："曲颈琵琶原来是从新疆传到长安的一件古老乐器，自唐以后即散失民间，后来中外人士均认为中国已无（特别是日本人）。殊不知这一琵琶却仍流行于陕北民间，为陕西民间说书所用。虽然在品位上已有发展，但原型并没有变。我之所以把此事转告你们，是希望在必要的时候再把这一琵琶请回新疆，并用它演奏龟兹乐舞当更有价值。"麦厅长又说："古代的新疆是琵琶发展活动的繁盛之地，后来传到了中原，唐朝以后因为社会的变化，这件乐器在新疆已经销声匿迹了 1000 多年。希望你和新疆音乐界的同志们团结努力，让琵琶在新疆重新盛开鲜艳之花！"自此，这一包含学习民族民间音乐，开展创作新疆琵琶乐曲，扩大专业和业余教学，以及参加社会演奏等系列性的文化工程正式启动，执行这项任务也成为了我今后的人生坐标（遗憾的是由于种种原因，至今我们没能将这种民族乐器史的活化石、陕北曲颈请回新疆）。我将此事告诉了林先生，他回信说："希望你能积极去办，琵琶与新疆是有历史渊源的，南北朝隋唐时期有名的琵琶演奏家大都是新疆人。新疆地区的民间音乐富有节奏感，可以选择地加以发展改编在琵琶上演奏，如果新写了成功的琵琶曲，希望将曲谱和录音带一并寄来，等着你的好消息。"对于创编乐曲问题，先生在1974年1月25日的信中说："作为写独奏曲希望注意：1. 要编写出似有整个乐队在演奏般的效果；2. 整个乐队般的效果与个别乐器效果间的有效结合……个别效果要选有特色的片区，用有特色的指法，也要在音区、音色上使与前后部分形成对比。"又说"希望继续多写，从实践中稳步前进"！我移植的第一首新疆乐曲是《我的热瓦甫》，林先生听后说："《热瓦甫》一曲，我想一定要另搞一个简短的版本。此曲有效果，更富有地方风格，就是重复太多，太冗长了……相类指法之处都可考虑删去，不要怕割爱，舍不得，如能搞出一个简短的谱子时，希即寄一份给我，我将用于教学之中。"今天我高兴地告知先生的在天之灵，目前已经产生了简短的版本，可是我再不能弹给他老人家听了。第二首乐曲是与维吾尔作曲家斯坎德尔合作的《在水边》。林先生在1983年3月26日的来信中谈道："你们编写的《在水边》我认为相当成功，为此我已在本学期用来教学。第一，此曲有新疆风格；第二，结构严谨；第三，能发挥琵琶性能，估计此曲出版社一定会出版的。"在6月28日的来信中又说："现附来《在水边》谱，我已代为作了小的修改，并在我院琵琶主课中作教材，对修改处有何意见，请即回信告我，因为送出版社的谱子就是这一份，现根据它复印寄来。"在这以后，先生对琵琶与交响乐协奏曲《故乡行》、琵琶二重奏《恰尔尕主题随想》和移植弹布尔的名曲《艾杰姆》都分别作了不同的要求和指导。在先生的举荐下，以上五首琵琶乐曲均在人民音乐出版社编辑的《琵琶曲集》第一集和第三集中发表。

新世纪之初，我萌发了将过去创编的琵琶曲整理成册的念头。林先生在 2000 年 9 月 19 日的回信中说："你在新疆这么多年，对琵琶做出了贡献，现在乘此把它们整理一下，传下来是很有意义的事。人生苦短，活着的时候能留一些给后代也算不白活一生。" 9 月 30 日的来信："录音带我听了二遍，很有地方特色……可先在新疆的音像出版社联系出版发行，因为这些乐曲极有新疆风味，万一不行，我在北京也试着联系。"此后在两年多的筹划中，林先生就出版费用、选择书名、录制光盘的注意事项、关于排版的细节要求、定价问题、联系出版社的事宜等都对我进行具体的指导和建议，甚至最后用什么纸张和版面设计都亲自过目。2002 年 9 月，《我爱新疆·琵琶曲三十首》书谱和光碟在新疆正式出版。10 月先生高兴地在信中写道："劲梅同志，我刚从香港回京，收到了寄来的书谱和 CD，看听了一遍，非常高兴和感动。你的后半生都生活和工作在新疆，你运用掌握的传统大套琵琶的演奏艺术，学习并编写了这本《我爱新疆·琵琶曲三十首》，也演奏录制了光盘，把新疆地区的民族乐曲移编在琵琶上演奏，使原有的琵琶演奏艺术增添了新品种，也把新疆地区的音乐作了很好的介绍，做了一件非常有意义的工作，不虚此生。"

20世纪80年代，新疆的同仁们开始考虑成立琵琶学会的问题，我问先生如何运作。先生在1984年5月来信："你省如能成立琵琶学会，可先与当地文化局、音协取得联系，同时联合一些琵琶同行，先组成筹委会（学会章程可向陈济略先生要来参考），如有进展请随时来信告我。"在先生的关心和提示下，音协新疆琵琶学会于1988年12月成功地举行了成立大会。

2002年7月，我们第一次举办了仅有38位学员参加的新疆业余琵琶考级，先生来信说："在西安会议上，我曾讲了南北朝至唐代，曹氏多代弹琵琶，有些还封王开府……目前新疆地区演奏曲颈琵琶的同志虽然还不多，但相信在音协同志的关怀下，在你们的努力中，将会开出鲜艳的花朵，为丰富琵琶艺术做出贡献。"经过大家的努力，现在新疆北部的乌鲁木齐、石河子、克拉玛依、奎屯和南疆古龟兹所在地的阿克苏地区已经建立了琵琶教学点，同时形成了具有三代传承关系的教师队伍。全疆地区目前在学的琵琶学员大约有200人左右，可以说琵琶在新疆开始生根了。

进修于中央音乐学院，从师于章红艳教授的青年琵琶演奏家吴乐乐返回新疆后，于2004年国庆期间成功举办了由新疆音协等单位主办，新疆琵琶专业委员会等单位承办的"万宇之夜·吴乐乐琵琶——交响乐音乐会"，这是千年来新疆第一次举办琵琶音乐会。为此林先生从北京发来热情洋溢的贺信："琵琶以独奏形式在新疆公演可能是首创，琵琶与交响乐队合作演出，在乌市也是第一次，这即将使琵琶艺术有机会在新疆演出，也将使听众欣然接受，为此预祝演出成功。"

2007年9月，由新疆音协等单位主办的"天山下的琵琶小精灵——吴乐乐师生琵琶专场音乐会"在乌鲁木齐举行。这两次音乐会是新疆从事琵琶艺术三代人的努力，是集创作、教学为一体的总结和展示，是一次向新疆人民公开地、大型的汇报音乐会。

新疆是个奇异的音乐热土，也是中国琵琶向东流传的主要源发地，先生对此有种特殊的钟情，他关注这里琵琶艺术发展中的一切。在计划经济的年代里，像买琵琶、修琵琶、做义甲等等事务都在他老人家的关照之中，那时我们所用的琵琶全都是经过他介绍和挑选从上海和北京购得的。回想这30余年，一路走来的新疆琵琶发展之路，离不开先生的搀扶、离不开先生的提携，先生的信赖和鼓励将鞭策我的一生，也激励着新疆的琵琶同行们。老人家虽然离开了我们，他的书谱是我们用于教学的主要教材和主要演奏曲目，通过代相传习，先生的精神和治学理念将长存在新疆大地的天山南北。

四弦千语凝三江 大珠小珠聚甬城

——追忆一代宗师、著名琵琶教育家演奏家林石城先生

■ 傅丹

傅丹: 琵琶演奏家。中国音乐家协会会员，中国民族管弦乐学会理事，浙江省音乐家协会常务理事，浙江省民族管弦乐学会常务理事，宁波市音乐家协会主席。现任宁波市文联主席。国家一级演奏员。

各位琵琶界的前辈、同仁、朋友们：

大家好！今天我们相聚一堂，参加由中央音乐学院举办的纪念林石城先生诞辰 90 周年学术活动，我的心情十分激动，也十分感慨！这是对林石城先生深深的缅怀，更是为弘扬优秀民族文化促进琵琶事业发展的一个有力举措。

林先生是琵琶艺术界的泰斗，被尊为一代宗师，他的一生与琵琶艺术的发展紧密相连。他的艺术实践活动、理论著述以及对后辈的培养提携都是我们音乐艺术界的宝贵财富。回忆往昔，激励后人，今天我要告诉大家的是 2001 年宁波·中国首届琵琶大赛的背后林先生为之付出的心血。可以说他为中国的民族音乐事业贡献了毕生的精力，他淡泊名利、潜心学问和德艺并重的优良品格永远是我们学习的楷模。

我于 1964 年开始从事琵琶演奏工作，1977 年进入上海音乐学院跟随卫仲乐先生学习。80 年代在江西南昌市歌舞团任琵琶独奏演员，并担任团长。那时有幸加入了由林先生任会长的中国琵琶研究会，并参与组建了江西省琵琶研究会任副会长。因此有机会接触到林先生，荣幸地聆听到林先生多次亲切的教诲。

2000 年的某月某日（大约在冬季），我和中央电视台的编导韦红雨一起去看望林先生（韦原来也是一位琵琶演奏员，毕业于沈阳音乐学院，曾获全国民族器乐比赛一等奖），林先生提到自 1980 年"上海之春"举办过全国性的琵琶比赛后，已 20

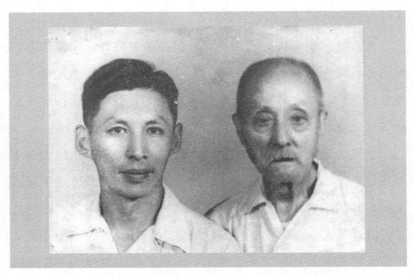

林石城和平湖派琵琶宗师吴梦飞先生合影（20 世纪 50 年代）

年没有专门的琵琶赛事了，这对琵琶界出人才出作品非常不利，作为中国琵琶研究会的会长，他很希望举办一次中国琵琶大赛，但是经费的筹措和组织工作难度很大（当时预计经费 60 多万）。当时我已调任宁波市文化局担任分管文艺的副局长，林先生殷切地希望我能借助宁波市文化局副局长这个岗位挑此重任，承办首次中国琵琶大赛，当然主要是筹措经费和承担比赛各项事务。这时韦红雨自告奋勇说可以借助中央电视台"国乐飘香"栏目为大赛做宣传。我为林先生虽年事已高，但对发展推广琵琶事业仍壮心不已而感动。我答应先向有关领导汇报，再想办法筹钱。

回甬后我立刻向主要领导做了汇报，为了使大赛更加具有

林先生 20 世纪 50 年代和平湖派琵琶宗师吴梦飞先生合影

权威性和规范性，我市领导提出要由中国音乐家协会主办，中国琵琶研究会和宁波市文化局共同承办此项赛事。为此，我多次往返北京与宁波之间，林先生不顾年事已高多次和我一起与中国音协沟通，最后确定成立了大赛组委会及评委会，由中国音协党组副书记、秘书长任组委会主任，中国音协副秘书长段五一和我担任组委会副主任兼副秘书长，由林先生担任大赛评委会主任，王范地老师任评委会副主任，由韦红雨、韦小华担任组委会副秘书长。为确保比赛的公正、公平，林先生提出：评委一定要由全国各大音乐学院和包括港、澳、台的著名演奏家和教育家组成，所以此次琵琶大赛的评委阵容强大，集中了中国琵琶界的一批元老级教授及著名指挥家、作曲家和演奏家，我们觉得重量级的评委更能激励参赛选手把自己最强的实力展现出来。

筹备期间，林先生经常来电来信询问筹备进展情况，并及时进行指导，每次来电来信都让我们感动不已，增强了我们办好大赛的信心和动力。

"2001 中国琵琶大赛"经过一年半时间的筹备，终於于2001 年 8 月 25 日上午在宁波旅游风景区——美丽的东钱湖畔举行。开幕式上，来自全国各地和港台地区的近 200 名选手，共同演奏了一首由中国民间艺术家阿炳传谱并演奏过的著名乐曲《大浪淘沙》，由著名琵琶演奏家、指挥家马圣龙先生执棒指挥，用这样一种独特的方式，拉开了这次琵琶大赛的序幕。

林先生在开幕式上对参赛选手语重心长地说："比赛对于每位参赛选手来说都很关键，尤其对评出的分数更为关注。前来参赛的选手们已在本省进行过初赛，能够来宁波参加决赛的都已有着较高的演奏水平，尽管如此，在决赛与总决赛中决出的分数必然会有高有低，优秀之中必然会有更优秀的，希望不要看得太认真，因为水涨船高，好的中间必然还会有更好的。这次拿不到好奖，总结经验，给予改正，下次再参赛不灰心，继续努力，才会有进步。"林先生还对选手们的演奏技法处理等提出了要求，他提到，选手们在比赛中总体发挥如何？基本指法是否科学，以及功力如何？艺术表现力如何？是否奏得完整？是否把乐曲的曲趣恰当地表达出来？在演奏再加工上又是如何？这些都是评比的参考因素，他强调在演奏的再加工上并不是去改曲调音符、改节奏、改指法、改演奏速度、改处理，如果去改，就变成侵犯知识产权了；而是在左手右手等指法的运用中，在音量、音色的配合、某些指法的具体运用时的再加工。再加工的目的是为了把乐曲的曲趣内容更好地、更贴切地表达出来，让听的人更能听懂，更能得到共鸣。林先生还谈了自己对练习指法的体会心得，他说："参加这次琵琶大赛的都是琵琶界的同行们，尤其是青少年们，琵琶演奏艺术的发扬推广，希望都在你们身上，为此我想介绍一些我对练习指法、演奏乐曲等方面的点滴心得，以供参考。如练习各种指法时都要从听发音效果来辨别所用方法是否正确，例如'滚'，听弹与挑发出的音量音色都要相仿；滚两条弦时，更要听右边一条弦上的弹与挑的音量音色是否相仿。再如'摇'，要听向左向右的音量音色是否相仿，常见向左音量强，向右音量弱，一强一弱，长音就不完美了。演奏每首乐曲前，要先研究乐曲的内容与曲趣，然后探讨运用何种表演艺术以使乐曲的演奏符合时代风貌或作者意图，反映出这首乐曲所要表达的真实内容。例如传统乐曲《霸王别姬》的'升帐'，先应想到项羽的性格既豪爽又粗犷，在项羽升帐亮相时，如何根据这段原有音调、节奏、指法的演奏把项羽爽直粗犷的形象给予恰当发挥。要尊重传统，学好传统的技法与表演艺术；对难度较高的技法，不要知难而改，要虚心专研练习的方法与步骤，在勤恳的操练中去掌握并巩固它。要创作出主题完美、易听易记，旋律指法与音响效果都富有琵琶化的琵琶新曲，表现手法符合曲题与内容，不要任意加入与曲题不调和的技法，更不要任意配用与曲情不相关的'放噱头'式的手法，要尊重知识产权。"林先生的讲话对参赛选手和琵琶界的同行们来说都是一次难得的学习机会，更是一笔宝贵的精神财富，得到了极大的收益。

在宁波的这次大赛对于选手来说是紧张而又兴奋的，不管是在校的学生还是专业演员，这样的机会也是千载难逢的，这不仅是展示自己的学习成果和艺术实力的舞台，更是相互观摩取经的绝好机会，这次大赛除了西藏和青海地区外，全国各省市自治区都派出了优秀的选手到宁波参加决赛，可谓是强手如云、规模空前。在这些选手家长和老师们的忙碌的身影中，让人感受到了大赛紧张的气氛。通过4天7场激烈角逐，评委们高度认真日夜辛勤的评选，80多岁高龄的林先生作为评委会主任，不光亲自参加白天的评比，还要组织晚上的评委会，几乎每天工作到深夜两三点钟，这种忘我敬业的精神让我们无不为之感动！最后评出16名选手参加总决赛。

8月30日晚，"2001年中国琵琶大赛"闭幕式暨颁奖晚会隆重举行，中国音协主席傅庚辰先生亲临现场，为获奖选手颁奖，林石城先生还亲自演奏《霸王卸甲》，那种仙风道骨的大家风范一出台就把观众征服了，随着乐曲时而气势磅礴、威武雄壮，时而声情悲壮，扫拂裂帛，一个楚汉相争历史舞台中霸王项羽的悲壮形象完整而丰满地跃然于弦上。林先生与获奖选手共同登台演出掀起了晚会的高潮。大赛期间，组委会还特邀著名琵琶演奏家吴玉霞、曲文军、章红艳举行了一台高水准的"名家、名曲琵琶独奏赏析音乐会"。

"2001 年中国琵琶大赛"是近 20 年来规模最大的琵琶赛事。自 2001 年 2 月 15 日中国音乐家协会下达举办中国琵琶大赛的通知后，各地都进行了层层筛选。据不完全统计，有近 3000 名选手进行了初赛和复赛，使大赛的规模和品位成为历史上全国琵琶大赛之最。很多选手都为能来宁波参加最后的决赛而感到幸运。这次大赛不仅是对琵琶新人演奏技艺上的一次检验，更是对琵琶艺术普及的一次较大的推动。大赛除了专业组以外还有业余组的比赛，而且业余组的报名人数远远超过了专业组。这次中国琵琶大赛还吸引了来自港、澳、台和北美地区的琵琶爱好者。这些在海外学成的选手对琵琶有不可抗拒的依恋之情，祖国大陆是他们追寻琵琶艺术真谛的源头。不论水平高低，他们还是来到了这一遥远的舞台上，怀抱琵琶，一展身手。值得一提的是此次大赛的奖品由上海文华乐器厂为一、二、三等将选手分别提供高级紫檀木琵琶、高级红木琵琶和酸枝红木琵琶，林先生对奖品的要求是确保品质优良，重在激励得奖选手进一步为琵琶事业的发展做出努力。

"未弹先有情，曲终韵不散"比赛是可以结束的，记忆却是永恒的。虽然 2001 年琵琶大赛，距今已 10 年有余，但当时的情景历历在目，林先生的殷殷期望言犹在耳，林石城先生为推动琵琶事业殚精竭虑，矢志不渝的精神值得我们每一位在座的同仁学习！鞠躬尽瘁死而后已的品格更让人肃然起敬！通过举行"纪念林石城先生诞辰90周年学术研讨会"的活动，对于进一步弘扬优秀民族文化，繁荣中国琵琶事业有着积极的促进作用。

　　这里让我们能相会老朋友，结识新朋友，更是能有机会在这里与大家一起思念林先生，一起分享与他共同经历的事件与时光。在此顺祝新老朋友如意安康！

保存、继承、发展

——回忆林石城先生的治学思想

■ 周 红

周红： 女，汉族，1960年2月生，
学士学位，现为武汉音乐学院民乐
系副教授，湖北省音乐家协会会
员、中国琵琶学会会员。1978年9
月—1982年7月在武汉音乐学院
民乐系学习；1982年留校任教至
今；1983—1985年被派往中央音
乐学院随著名琵琶教育家、演奏家
林石诚教授继续研习琵琶演奏与
教学；1995年至今，作为主要成
员参加了两项省级科研项目："中
国乐器演奏技法与风格研究"和
"编钟古乐创作与演奏技法研究"。
发表了论文《琵琶的右手技法及其
音色变化》《琵琶的左手技法及其
应用》等。

今年 8 月在接到召开"纪念林石城先生诞辰 90 周年纪念活动"的邀请时，难以抑制内心的激动和万千的思绪。

30 年前我有幸被学校派送到中央音乐学院进修，师承中国琵琶泰斗林石城先生，如果没有林先生的精心指教，就难以成就我今天的业绩。在北京的南线阁或鲍家街林石城先生的寓所里散发着祥和厚重及索真求实的学风，并永远焕发着中国琵琶文化的光辉。

思绪穿越到 30 年前的学习岁月，从《青莲乐府》之始的技术调整，到《汉宫秋月》《平沙落雁》《陈隋》曲情意境的追寻；从《寒鸦戏水》《虚籁》《高山流水》《龙船》的风格把握，再至《霸王卸甲》《十面埋伏》《海青拿天鹅》高难技巧的雕琢，林先生毫无保留地予以精心指教。他的很多教学思想都时时处处体现在对传统的"保存、继承、发展"的治学理念上。他认为琵琶艺术的发展规律应该是："如果不把传统音乐真实地、系统地保存下来，就无法知道原有的传统音乐是什么样子，也就无法继承它。如果不认真地做好继承工作，既不懂，也不学好，就只能偷工减料或任意篡改，以讹传讹地'继承'。但反过来如果只满足于古代的传统音乐，不去创新发展，就等于把我们硬困在古代生活中，既违背了事物发展的必然规律，也无视了生气勃勃的、丰富多彩的生活。"林先生的这段话充分地反映了中国琵琶艺术必须随着时代的进步向前发展的思想，但发展又必须是在保存、继承好传统基础上有所发展才行。

2004 年林先生参加于广州举行的"金钟奖"琵琶比赛

在提到上面这段话，使我想起当年在林先生那里学习《十面埋伏》这首乐曲时的情境。众所周知，"十年浩劫"使中国传统文化备受摧残，《十面埋伏》等传统古曲被改得支离破碎，各类拼凑版本都号称传统。到林先生那里学习之前，我就会弹《十面埋伏》，但那是首被删节得只剩九段的也不知是属于哪派的《十面埋伏》了。林先生听完沉思片刻后，语重心长地对我说："我现在一定要教你弹'浦东派'正宗完整十八段的《十面埋伏》，你们现在都是各大音乐院校的青年教师，是学校未来的后备军，如你们这辈人都不知、不懂、不会传统正宗的《十面埋伏》版本是什么模样，是怎样演奏的，那么后来者更无从知道传统谱本是什么原貌了。这些优秀的传统经典乐曲就会在你们这一代

1997 年 10 月 7 日林先生于江阴"天华杯"琵琶比赛后合影

失传。无疑这就割断了琵琶历史的源流，是历史的悲剧。"《十面埋伏》是一首表现难度极大的乐曲，也是浦东派传统古曲的代表作之一。乐曲运用了大量典型的传统技法，如：双飞、大指摇、凤点头、满轮、弦数变化、并弦以及各种不同速度、不同幅度、不同时值的"吟揉"等，不具深厚功力者难以演奏圆满。林先生当年都是手把手一个个技法认真教，目的是要把浦东派传统技法的精华和理念真实地传授于我。传统曲谱能传至今日，实属不易。为历来各流派视为珍宝，对其不要轻易改动，即便有所增删，必不能伤其本意和精华。

　　林先生认为保存与继承好传统琵琶艺术曲谱的精髓并非一家一派之举，如崇明派编于 1916 年的《瀛州古调》曲谱也认为："古人作曲，颇费心力，一曲有一曲之性，即有其趣，不可轻易变动。奏者宜玩索曲题意义，益以多弹，曲性自能了悟。曲性既明，则心手相应，曲趣自得。……古谱流传不易，如妄增易，则愈传愈讹矣。"正是因为一代一代琵琶家们的严肃而理性的传承，才使得我们有幸看到尚存的为数极少的传统曲谱，如在我们这代流失，岂不痛心。每每看到唐宋琵琶资料在日本的正仓院作为国宝珍藏，我们难道还不能有所触动？保存它们不仅是中国琵琶艺术的责任，也是全人类文明史的责任。他更是把"保存、继承、发展"传统琵琶艺术事业视为生命而执着地追求着。

先生本人更是个思想的鼓动者和身体力行者。在他教学的几十年中就早已有各种关于琵琶艺术发展的构想，他曾经在教学中及各类著作、教材、论文中都表明了他的这些观点。

比如在保存琵琶各流派精华，互相学习交流上他提出："要使琵琶在今后能健康发展，首先要由各派的演奏家们通力合作，发挥潜在力量，互相学习，互相研究。希望由各派各自编写自己的指法和曲谱，详细介绍给大家，作为互相学习、研究的蓝本。"林先生这样说的也是这样做的，早在20世纪70年代末，他就让自己的儿子学习其他流派，汲取各派的营养。他认为各个流派都有它的长处，各流派老一辈都是朋友，常交往，关系都很好。传统流派间的技法是常有交流的，所以各流派间都能看到一些技术上一脉相承的东西，要提倡学习别人好的东西。

而在技法的创新及乐曲的创编上，林先生说："我们如果深入地去分析一下就可知道左、右手指法是由简向繁的，是为乐曲服务的，也是随着乐器本身的发展而改革的。……在完全掌握了过去已有的许多指法和技术的基础上，将可发展的各种不同的指法，创造出新的指法，进一步繁荣琵琶的演奏技术。"

他积极倡导："要进一步整理曲谱，编创新声。而创作新谱也必须在继承古代艺术传统的基础上推陈出新，使每一首乐曲易为人们所接受和理解。……为人民的文化生活服务。"

在谈到琵琶乐器的改革方面，林先生强调："我们现在接受了琵琶这份遗产，并不是说不能再有所改革和发展，但也不能以别的乐器作为改革琵琶构造的准则。……要使琵琶的发声更加洪亮，但又不能失去原有的金石之音。……今后应由演奏家和制造家们相互研讨，希望能很快地寻求到合理的解决方法。"

林先生从建国初期就对琵琶艺术涉及的主要范畴提出了切实可行的较为完整的构想，为新中国的琵琶艺术事业的发展起到了极大的推动作用。从上面这些话语里就可看出林先生既是保存、继承传统的楷模，又是琵琶艺术发展革新的先驱。

林先生以其对中国琵琶艺术事业的巨大贡献，以其严谨的学风和坦诚、光明磊落的人格魅力，铸就了中国琵琶泰斗和一代宗师的风范，也为我们树立了学习的榜样。

先生的言传身教不仅使我懂得了为师之道，也让我悟到了习琴从艺之真谛：习琴需规范，系统和严谨；从艺需修德，修德必自律；自省和求真，德艺兼修方为上。正因如此，30年来我坚信"保存、继承、发展"的治学思想是最富有生命力的，并以此为方向，为琵琶音乐事业培养优秀的人才！

内蕴与外化

——试论林石城先生琵琶演奏艺术的高度表征

■ 李 彤

李 彤： 7岁习琴，启蒙于汪派名宿孙树林先生。1977年第一次全国性招生时获琵琶演奏名家王范地先生青睐，考入中央音乐学院附小，经附中至大学。在校12年间，先后师事琵琶著名教育家孙维熙教授及浦东派大师林石城先生，1989年本科毕业。同年6月参加"ART杯"中国乐器国际比赛获专业组优秀表演奖。

　　2012 年是林石城先生诞辰 90 周年，为缅怀他在中国民族音乐事业、中国琵琶教育事业做出的突出贡献，中央音乐学院民乐系在院方与各界的支持下举办了"纪念林石城先生诞辰 90 周年学术研讨会"，特别邀请了乔建中教授、袁静芳教授、台湾佛光山艺术研究所所长林谷芳教授及全国各地琵琶专家、各大院校民乐系代表与林石城先生不同时期、不同阶段的学生参加。而我也有幸在毕业 23 年后，因缘际会地回到母校参加这次"纪念林石城先生诞辰 90 周年学术研讨会"，且参与台北市立国乐团所举办的"四弦千遍语——浦东派宗师林石城琵琶纪念音乐会"的演出。

　　今主办单位拟将此研讨会之文稿集结成册，遂于此提出：内蕴与外化——试论林石城先生琵琶演奏艺术高度的表征，此文仅个人浅见，还祈方家教正。

一、内蕴

1. 传统音乐的奠基

　　林先生虽然出生身中医世家，但因其父喜爱江南丝竹，自幼耳濡目染，随父亲学习二胡、三弦、琵琶、扬琴、箫等乐器，逐渐对民族器乐产生浓厚兴趣，尤醉心于琵琶。十几岁时已通晓江南丝竹八大名曲并能与人合奏《欢乐歌》《慢三六》等乐曲。由于家学渊源的背景关系，可说其从小就受到江南民间音乐风格的影响。"小轻细雅""嵌挡让路""减字加花"等手法的灵活

林石城先生和学生们合影

变化，在其往后创编的琵琶乐曲中皆有迹可循。

2. 正规医学院校中西学理的养成

其 19 岁毕业于上海中国医学院，在接受传统中医学教育的启迪时，也吸收西医科学理论知识。"中学为体，西学为用"，传统的继承及与时俱进的思维，均反映在其演奏及具体实用于琵琶上的工作。诸如系统性整理的归纳，编撰各类教材，统一记谱法，将工尺谱、简谱整理为五线谱，且为提高琵琶技巧，其根据西乐编写 12 个调号的基础练习曲 150 首，又试用西方作曲技法编写《彩云追月》《光明行》等琵琶谱，并创作《海河之歌》《奔放》《捉迷藏》等乐曲，大家都看得出他是竭其所能在推动琵琶这门艺术。

和中央音乐学院老师们合影。左起：胡志厚、林石城、王国潼、李祥霆

3. 浦东派传人的职志与荷担

林先生 20 岁时，正式拜浦东派第五代宗师沈浩初为师，为浦东派第六代正宗嫡系传人。自此之后，他勤奋苦学，并虚心学习他派技法，潜心钻研、博采众长、不拘一宗的丰富自身学养，并学以致用，创造性地将抚、滚伏四条弦、拖滚四条弦、弦数变化、人工泛音等技法融入，形成其独特的演奏风格。

其在 1958 年出版的《琵琶演奏法》中，系统总结研究传统琵琶流派体系，首次从琵琶学视角客观介绍了除无锡、平湖、崇明、浦东四大琵琶流派外的其他 8 个不为人知的流派和 12 个不同风格的琵琶谱。还首次将以汪昱庭传谱为依据的演奏群体定名为"汪派"，沿用至今。这种以发展民族音乐事业为己任的精神值得钦佩。

虽然"文革"期间的迫害造成其贫病交加，但仍不改其志，反而更坚强地整理编撰沈浩初先生的《养正轩琵琶谱》，并付梓出版，且将所得稿费全数给予沈浩初的遗孀。饮水思源、德行高超。接着，林先生继续整理记写了《鞠士林琵琶谱》《陈子敬琵琶谱》等传统乐曲的演奏谱，进行了他人难以替代的抢救工作，为后人留下无价的文化遗产。

4."乐"与"医"在学理上的融通运用

在传统琵琶文化中有着文曲为阴、武曲为阳的说法，中医讲究"望闻问切、虚实辨症、阴阳平衡、气血升降"等表述。其理论与江南丝竹音乐中"你来我往、你高我低、你退我进、你弱我强"等风格特点皆有着同工之妙。先生成为沪上名医后，北上中央音乐学院任教，"学以致用"传统文化中"乐"与"医"的融合兼顾，终在林先生身上得以彰显。

5.人格上的修持与特质——秉承医德、坚忍卓绝

中医历来强调德术并重，认为为医之法，须自矜己德，性存温雅；动须节礼，志必谦恭；不得多语调笑，谈谑喧哗等。先生不仅遵行不悖、身体力行，且以丰富的学养知识和文化素养来发展民族音乐事业，终能在4年内有条理规划并建构出较完整且系统性的中国琵琶乃至民族音乐艺术的发展蓝图。

二、外化无形

历经"十年浩劫",传统文化遭到破坏后的后遗症逐一显现。这些年快速的经济起飞却更凸显社会人心的浮动;时下的音乐演奏潮流也充满着浮夸及炫技的表演,文曲矫揉造作,武曲形胜于神。少了先辈们在口传心授时,那种先清楚乐曲本质,再进行风格演奏的钻研精神。以 2003 年 1 月 12 日在台北市中山堂的音乐会上,81 岁高龄的林先生在台上,仍然秉持一贯的胸有成竹、气定神闲、沉稳坚定的作风,演奏浦东派武套曲目《十面埋伏》,在乐曲右手中运用"满轮、滚、轮、挑轮、大指摇、凤点头、大分、小分",左手运用"吟、打、带、绞、虚拖"等繁复技巧,产生音质、音色、音韵、音量的多重变化,不管是右手触弦的力度对比,还是左手按弦时配合右手产生的音效,在静、动、虚、实间,都达到武曲的气势磅礴、刚毅宏伟、强而不燥的效果。

再以《秋思》为例:演奏时虽仅用"绰、注、进、退、纵、起、吟、揉"等指法,却感人至深,具有文曲细腻深沉、韵味隽永的特性,而这种内感于心、外应于琴的自然情感表达,肢体的交会外化于无形的境界,是林先生经过数十年所融会贯通的积累再造。以至于我们在他演奏的音乐中,总会听到一种"曲已尽而情未了"的声韵,那就是一代宗师艺术修养与文化内涵的外化吧！林先生的那种立足在传统音乐再经过理论总结后产生的演奏心法就更值得我们肯定与怀念！

三、师恩永怀——我的老师林石城先生

我自 7 岁多随汪派名宿孙树林老师习琴，1977 年第一次全国扩大招生我以小学五年级生考入中央音乐学院附小，师事名教育家孙维熙老师近 9 年，系统性的教学方式从基本功训练到乐曲演奏都为我打下了深厚的基础，同时掌握了大部分琵琶演奏技巧。大学二年级下半学期，在孙老师推荐下我成为浦东派一代宗师林石城先生门下弟子。

我从小顽灵，学琴一事对我而言绝非难事，常将老师指定功课以"完成过关"心态处之。时日一久，偶还自诩得意起来，及至遇到这位寡言少语的慈祥长者，引领我进入他的琵琶领域。先生沉潜的人格特质与深厚的传统文化素养，曲必躬亲示范，在其严谨的教学态度、传统式口传心授的教学方法以及不厌其烦的逐句引领，使我收起以往爱耍小聪明的个性，开始进入认真学习浦东派推、拉、揉、吟、抹、拂、挑等技法。这些对我再熟悉不过的指法，在浦东派传统大套曲目与民间乐曲演奏中，再细致分出具体的用法，例如：先拉后吟，吟又分大吟、中吟、慢速吟，半秒并三弦、并四弦，右手从满拂轮、四指轮、三指轮到大指摇法等繁复种类，在林先生已出版书谱有详细记载。

记得在先生尚未赠我他在香港上海书局出版的《林石城琵琶曲选》时，上课是用复写纸的手抄谱，或无须照谱弹，采取逐句教，以加深印象。为使浦东派演奏风格得以传承，他用尽苦心。林先生的谆谆教诲使我由量化产生质变，在音乐理解上有了观念性的转变，逐渐懂得高超的技巧掌握并不是目的，是为呈现音乐在演奏中必备的条件和手段，但前提是必须掌握扎实的基本功与正确的演奏法。林先生的一丝不苟、严谨认真也令我重新反思自己以往的学习态度，认识到了以前仅仅是"学完"而非"学好"，这对我往后的处世哲学起到了很大的影响，至今受益匪浅！先生的教学方式让我真正明白"授业解惑"的含义，以致亲身感受到一派宗师的风范。

犹记 1989 年举办个人音乐会后，我因随家母出国，有了新的生涯规划，与琵琶的琴缘也日渐疏远，虽未荒废，但失落之心常萦绕心弦。游子他乡，偶尔抱起琴来竟不觉想起老师临行赠语："琵琶基础已稳，不要丢了，到了异地，记得马上联系……"谁料我因俗事缠身也未放心上，尔后与他在新加坡再见面已是六七年后之事……

因缘造化，未料多年后我竟又重抱琵琶，年岁渐长，对世间情事也有更成熟的看法，也逐渐了解林先生当年的一番苦心，使得我迄今弹起老师教过的曲子，总还是印象深刻，意味深长。

"咚咚咚"随着一阵敲门声后，宿舍门外传来沉稳的呼唤声：

"李彤，十点了，该上主课了！"我永远忘不了1987年的那天，当我从梦里被叫醒时才发现，糟糕！原来我睡过头，耽误了上主课！我一边响应着，一边用最快的速度爬起来去开门，却只看到楼道里林先生离去的背影……

而今，斯人已远，但师情常在，师恩永怀！

性情中的琵琶大家林石城

——记与林石城先生忘年之交一二事

■ 罗复

罗复： 经济师、会计师、中国琵琶研究会会员、重庆音协会员，历任重庆市琵琶学会理事、常务理事兼秘书长、常务副主席兼秘书长，中国音协琵琶业余考级重庆琵琶专业考官，重庆民族爱乐乐团音乐顾问。自 1967 年应林石城老师之邀为其整理《养正轩琵琶谱》始，即有往后长达 38 年之久的亦师亦友的毫无利欲关系的忘年之交。

我与林石城老师这近 40 年的忘年交往中相互极为坦诚，涉及话题极为广泛，家事、子女、婚姻、琵琶，学生……无话不谈。谈得最多的还是与琵琶有关的事和人。我和石城老师都是江南人，从不用"您"字，直呼你我。我多称呼他"石城老师"、"老师"或"石人先生"。文章中更是直接用"林石城"，他也觉得蛮好，还说："侬晓得吧？林石城的'城'字是我改的，上海话的'人'字和'城'字同音。我不喜欢'石人'，喜欢'石城'！"石城老师称我"罗复同志"或"阿罗"或"喂"，也是极其随意随兴。他的上海普通话慢条斯理，很有磁性和魅力，所以我常在文中直接用他的讲话和语气。

石城老师对待自己求真不伪，对待学问求实不伪。他在创作时最大的特点是性情、亢奋，而且持续时间长。此类例子很多，现将石城老师在整理沈浩初的《养正轩琵琶谱》以及笑谈自己的持琴姿势时的几则小事奉与同好，共绘性情中的琵琶大家林石城之风范。

一、琵琶独奏曲《秋胡行》与百年桂花树

> 飞纤指以促柱兮，
>
> 创发越以哀伤。
>
> ——《琵琶赋·傅玄》

2004 年末，石城老师收到《小演奏家》后打电话告诉我，在这一期（第 11 期）有我写的《琵琶独奏曲〈秋胡行〉的悲剧

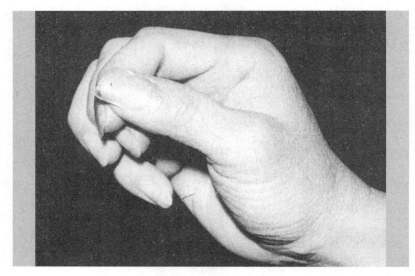

泰斗之手（凤眼示意）

美——兼论传统琵琶指法的表现力度》一文。这篇同名拙文是应《重庆音讯》约稿发表在该刊 2001 年 10 月号上，全文是经石城老师看过的，未想到他在信中给了戴了一顶很高的"高帽子"，让我受宠若惊，也着实"得意"了很久，足见他多么看重《秋胡行》。此后我没有再投稿，准备去询问一下由来。石城老师叫我不用问了，他告诉我："我是想跟你讲，这一段时间我常听《秋胡行》的……"他情绪莫落的状态让人担心。自小中风后，石城老师就再也无法弹琵琶了，"听"琵琶就成了陪伴他的依靠和希望，也成了他生活中的主旋律。石城老师在琵琶独奏曲《秋胡行》的创作时，其状态一直处于亢奋之中，直到现在仍记忆犹新。

那是 1993 年仲春初，石城老师来电话，聊些春节的事。末

2012 年台北中山堂纪念林石城先生音乐会

后他告诉我：“我近写了一首小品，是秋胡的故事。”

我大为吃惊：“你改写剧本了？”

石城老师那头：“你真木头啦？是曲子。我看了秋胡的故事，有感人生的坎坷。……也想起了挂花树。”听老师的话音开头还像有点兴致，话尾却显伤感了。秋胡的故事我略知一二，这又跟挂花树有什么关系呀？我问老师：“什么桂花树？”

石城老师那头：“……嗯，你还年轻，说了你也不懂的。我想取一个与桂花有关联的副标题，用什么‘弄’啊还是什么‘吟’啊之类的，现在还未想好。……等我练好了弹给你听。你觉得用什么标题好呀？”

“老师，‘弄’也好，‘吟’也好，我觉得太迂腐了。桂花馨香可人，欣喜点不是更好吗？"为了调侃新春将至的气氛，我故意逗老师。未想石城老师却非常认真地重复着前面的话："……你呀，还年轻，不懂的！"末了，石城老师让我先看看有关秋胡的典故，并说："再见面时，你若是说不出秋胡的一、二、三，我是不会弹给你听的！"

石城老师的创作秉性我知道，他让我读秋胡的话是认真的。元宵刚过，石城老师来电话时还问我秋胡的事。

是年仲夏见到石城老师时："我想听秋胡的曲子。"

石城老师二话不说，顺手拿起放在沙发上的琵琶，沉思片刻便弹。弹完后两眼凝视着我问："感觉怎样？"

"能再弹一遍吗？"老师又弹，似乎更深沉些。

"老师，比较委婉，有同情？怀旧？或伤感？……"

石城老师："怎么讲？"

罗复："主要是直觉。左手拖类指法用得多，与《秋思》相仿，但比《秋思》还来得深沉，还激越些。"

石城老师："你的直觉是对的。还有吗？"

罗复："有！我觉得如果在低音还可着力更重点，干脆将情绪爆出来会不会更好些？"

石城老师："还有吗？"

罗复："有！曲式帮了忙，似乎有点对仗文法的韵味，强化了主题。"

沉默了片刻，石城老师问我："读过秋胡吗？"我早有准备地回答："读过！"还从公文包中拿出复印的几页有关秋胡典故的资料给他看。老师高兴了："侬还真有准备呀？"他在高兴时往往会蹦出地道的上海话。他告诉我："就叫《秋胡行》。《秋胡行》我是在香港首演的，效果蛮好的呀！"

我问老师："这个曲名与桂花有关联吗？"

老师几无停顿："有的呀。有'秋'字就行了。人生百年的少有，至90不难，依我身体，完全可以活到90。这样算来70以上算是'秋'了，不到90不算暮。"我还在想《秋胡行》本来就有"秋"字，且"秋胡"本是人名吗，难道一个"秋"字还有什么别的什么意思？现在怎么又把人寿拉了进来？

老师接着说："……嗯，林杰那里有一株很久年生的桂花树，花开春秋，秋花最香，秋花最香，盛花时满树挂金，香气飘得老远老远。九月间常用干净物接落花泡酒，有时也打一些鲜花，这样酒会更香。我懒又笨，不会弄……"自从石城老师这样一讲，那株桂花树就成了我向往一睹的生命之物了。

老师接着说："音乐靠悟，人生也靠悟。有感同身受的可悟、可悟得快，无的难悟。不用副标题了。"我完全坠入雾里云里，直到2002年石城老师来寒舍才恍然大悟！石城老师似已到大彻大悟之境界了，这是后话。

说到悟之缘由，老师说："你已晓得了，想写的话也可写，怎么写，你斟酌吧！但是，如要真写全写的话，等我走后吧。"话中的伤感特别明显。

　　告别老师出来，他给我一盘自己录的《秋胡行》："出版后我会给你。"次年年末，友人从北京带来了有《秋胡行》的《民族之声·中国民族器乐大家系·春江花月夜》CD，编码为：ISRC CN-S11-98-0006-C/A.J6。还说："林先生让我带一句话给你，如果听懂了，就写点什么吧！"返家即听，与石城老师原来弹的有所改动，强调了低音。这时的我对老师与《秋胡行》确有所悟了，石城老师真是大彻大悟之人。随后，便有了那篇习琴笔记《琵琶独奏曲〈秋胡行〉的悲剧美——兼论传统琵琶指法的表现力度》。石城老师看后说了一句："没有写完，对吧？"是的，确是没有写完，以后再说吧，即将其存在了《养身斋叙谈录》的文件夹中。

　　石城老师在创作《秋胡行》的全过程中亢备而持久，情感真实。凡人生，无非悲欢离合。然而，当同一故事可喜可悲时，如以震撼力度言，悲剧性更能揪人肺腑。石城老师依秋胡的故事所写的琵琶独奏曲《秋胡行》就是在悲喜中选择了前者，凡读过的人心情总是久久不能平静。古扑厚重谱音调，字字叩击人心；绰注虚实再吟猱，处处诉说激愤。可谓羽角高张，不绝于耳，是一首令人回味无穷的琵琶独奏曲。

　　要想读懂琵琶独奏曲《秋胡行》，不可不知林石城，不可不知桂花树，不可不知秋胡的故事；要想读懂琵琶独奏曲《秋胡行》琵琶技法配用之精妙，不可不知《秋胡辞》。这正是石城在师一直要我读秋胡的缘故。

秋胡的故事现传有多种版本，但都源于西汉刘向的《列女传·卷五》的《节义·鲁秋洁妇》篇，其曰：

洁妇者，鲁秋胡子妻也。既纳之，五日去而宦于陈，五年乃归。未至家，见路旁妇人采桑，秋胡子悦之，下车谓曰："若曝采桑，吾行道远，愿托桑荫下休焉。"妇人采桑不辍。秋胡子谓曰："力田不如逢丰年，力桑不如见国卿。吾有金，愿以与夫人"。妇人曰："嘻！夫采桑力作，纺绩织纴以供衣食，奉二亲，养夫子。吾不愿金，所愿卿无外意，妾亦无淫佚之态，收子之赍与笥金。"秋胡子遂去。至家奉金遣母，使人唤妇至，乃向采桑者也，秋胡子惭。妇人曰："子束发辞亲，往仕五年乃还，当所悦驰骤扬尘疾至。今也乃悦路旁妇人，下子之装，以金悦之，是忘母也，忘母不孝；夫亲事不孝，则事君不忠；据家不义，则治官不理。孝义并忘，必不遂矣！妾不忍见，子改娶矣，妾亦不嫁。"遂去而东走，投河而死。

君子曰："洁妇精于喜夫，不孝莫大于不爱其亲而爱其人，秋胡子有之矣！"

君子曰："见善如不及，见不善如探汤，秋胡子妇之谓也！"

诗云：惟是偏心，是以为刺，此之谓也。

颂曰：秋胡西仕，五年乃归；

　　　遇妻不识，心有淫思。

　　　妻执无二，归而相知；

　　　耻夫无义，遂东赴河。

秋胡子之妻的贞烈感天动地，传颂甚广，后有人将其赋而入歌。据《乐府题解》称此歌乃"后人哀而赋之为《秋胡行》，属相和歌辞，清调曲"。可惜原曲已佚，无从可考。现传世的都是拟题之作或和唱之类。传颂较广的有晋·传玄（公元217—218年）的两首，其中以咏事评史的《和班氏诗一首》较为有名。有认为《和班氏诗一首》即为《秋胡行》原曲，然无据可考。或许"班氏"乃是《秋胡行》原赋的作者，因为《和班氏诗一首》的别名即是《和秋胡行》。除此以外，别无详证，只能阙如待后。稍后的有南朗宋·颜延之（公元384—456年）的九解《秋胡诗》一首，也有人称其为九首，实属不妥。同朝的还有谢惠连（公元397—433年）和唐·高适（约公元706—765年）各一首，都是咏唱秋胡故事的。写得最感人的还数颜延之的《秋胡诗》，凡读过者没有不落泪的。这是悲剧冲突带来的审美感受。因为颜诗过长，只好割爱。但是，为了正确理解石城老师的琵琶独奏曲《秋胡行》，是一定要读《和班氏诗一首》的。现录于后：

秋胡纳令室，三日宦他乡，皎皎洁妇姿，泠泠守空房。

燕泥下终夕，别和参与商，忧来犹四海，易感难可防。

人言生日短，愁者苦夜长，百草扬春华，攘腕采柔桑。

素于寻繁枝，落叶不盈筐，罗衣翳玉体，回眸流新章。

君子倦仕归，车马如龙骧，精诚驰万里，既至两相忘。

行人悦令颜，请息此树旁，诱以逢郎喻，遂下黄金装。

烈烈贞女忿，言辞厉秋霜，长驱及居室，奉金升北堂。

母主呼妇来，欢情乐未央，秋胡见此妇，惕然如探汤。

贪心岂不惭，永誓非所忘，清浊必异源，凫凤不并翔。

引身赴长流，果哉洁妇肠，彼夫既不淑，此妇亦太刚。

傅玄谴责了秋胡子也赞美了其妻，对她的遭遇表示了深切的同情，对她的贞烈表示了由衷的敬仰。但是对她投河而死是持有相当保留态度的，他的"彼夫既不淑，此妇亦太刚"的评说对后世影响很大，以致使秋胡的故事派生出不同的结局。这也是本文必须到用《和班氏诗》的另一层用意。如元杂剧《鲁大夫秋胡戏妻·石宝君作》、近代京剧《桑园会》和晋剧《桑园会》都将故事结尾改成喜剧了，可能是他们不忍看到善良忠贞的秋胡之妻的悲剧，而改成秋胡子愧疚无加、向妻请求宽恕为剧终了。他们这样改，虽然原因很多，可有一点是共同的，即受到"甘之长川祀"的强烈心灵震撼后的情感补偿意识驱动的结果。善良的愿望是可以理解的，但是它的审美效果却远不如前者了，由此而引起的思考也远不如前者了，依笔者拙见似有添足之虑。

在较为流行的秋胡辞体里还有曹氏三父子都写过《秋胡行》，不过都未写秋胡的故事，只是借题罢了，不能稍有混淆。从其辞是否可以窥及原赋《秋胡行》的端倪呢？这显然是一个很令人心动的课题，这是另话。

秋胡的故事对道德教化的影响是很深远的，如在唐五代时的敦煌变文中就有无题变文"斯一三三号"，原卷子现藏英国，讲的就是秋胡的故事，后人称其为《秋胡变文》。其文首尾皆残缺，中也残缺若干字，看不到变文的结局。不过，从文尾尚能辨识的文字来看，其故事结局显然是循着《列女传》的思路去的。虽然变文仅存 3407 个字，可是它铁笔飞白，鞭挞秋胡贪淫好色而弃义不忠的卑劣；同时又浓墨颂扬其妻茹苦含辛，桑奉老幼的忠贞与高尚，泾渭何等鲜明。这反映出历朝对秋胡故事评说的主流意识。

那么，哪种结局更符合春秋时的社会实际呢？只要对当时的社教民风的状况稍做梳理即可知晓。春秋时虽崇尚礼仪始起，但社会教化以君子之仁和忠义之道已深入内部。孟子曰："事孰为大？事亲为大；守孰为大，守身为大。"可见一斑。孟子把事亲和守身视为君子之仁的重要本性之一。

石城老师虽然生活在近现代，然而在他骨子里面却是尊崇"事身为大"和"守身为大"的君子之风。其令尊是典型的孔孟之道的崇拜者，家教很严，对石城老师影响很深，至今在横沔故居的堂屋右大柱上其令尊的遗像前还供着石城老师亲手扎的花圈，几十年了，满是茵陈，足见一斑。

石城老师认为《琵琶独奏曲〈秋胡行〉的悲剧美——兼论传统琵琶指法的表现力度》没有写完，说得非常准确。因为石城先生尚健在吗！其实，我真正读懂石城老师是 2005 年之后了，我觉得何必写完呢，就这样也很好吗！

我曾多次去过横沔的林石城故居，去真真实实地看过石城老师说的那株年生很久的桂花树。这株桂花树已过百年了，就在石城老师原卧房的墙外,正对窗子。虽然树身布满了岁月痕迹,但依然生机盎然,百年以来,春夏两季,满树金花,遍香沔河。石城老师的儿子林杰的夫人讲:"爸爸每次回来总是会去桂花树下站很久很久,不说一句话。爸爸还常常站在卧室的窗口,看着桂花树,久久不肯离去,还会常常听到深深的叹息声。"我也站在那窗口凝视着桂花树,脑海里不断浮现着石城老师在创作琵琶独奏曲《秋胡行》时或亢奋、或深沉的画面渐渐地被一条主线穿串了起来。……虽然石城老师已成故人,而且渐行渐远,然而凡说琵琶独奏曲《秋胡行》,就是亦老亦小,亦真亦嗔,亦悲亦喜。这老、小、真、嗔、悲或喜,能离开那时的社会生活么? 不能的。这使我想起传玄《琵琶赋》中的"飞纤指以促住兮,创发越以哀伤"句。林石城,真性情中人!

二、《养正轩琵琶谱》(沈浩初传谱/林石城整理/五线谱):永久的遗憾

> 没有沈浩初就没有我林石城,
>
> 没有《养正轩琵琶谱》就没有我林石城。
>
> ——林石城2001年答香港媒体现场采访

1985年6月末,我收到石城老师寄来的五线谱版的《养正轩琵琶谱》(沈浩初传谱 / 林石城整理;下称《沈氏谱·五线谱版》),在电话里知道他刚从外地招生返京。五线谱版与在1968年付梓的《养正轩琵琶谱》(简谱增编整理谱;沈浩初传谱 / 林

石城整理）几无变化。

1986 年夏，我突然收到石城老师寄来的挂号印刷品包裹，是沈浩初 1929 年初版的《养正轩琵琶谱》三卷（下称《沈氏谱》）。外面用牛皮纸层层严实包裹，还用当时那种包扎糖果常用的彩色线扎牢。打开包裹，未见附信，正在思忖，却在内层牛皮纸上见有用钢笔写的"认真读，细细读"六个字，有逗号无句号，无落款。后我将其裁下作书笺夹在谱中。卷上扉页有竖书"罗复同志惠存"和"林石城"九个字，落款下面没有日期。拓有"林石城"金文章一枚，"林氏家藏"鉴识章一枚，还拓有一款字横列的"琵琶独奏曲"闲章。如获至宝，喜出望外！自那时起，有空闲便会把《沈氏谱》拿出来看看。时间长了，慢慢地也会有随感和问题冒出来，就会随手抓起手边的纸头记上几个字，夹在《沈氏谱》中。

是年底，我在办公室接到石城老师的电话："……《养谱》（指《沈氏谱》）读完了吗？"

罗复："基本读完，我还把《养谱》和你整理的《养正轩琵琶谱》（简谱增编整理本）和五线谱版对照看呢。"

石城老师："我常看，常想起沈师（即沈浩初——罗复注）。……再来北京前告诉我时间，聊点沈师谱子的事。"后虽几次去过石城老师家，多因时间仓促，均未谈及《沈氏谱》。

石城老师常会谈起沈浩初的事。约莫是 1994 年，在老师客厅中，他讲了长长的一段话，令人难以忘怀："我到中央音乐学院教琵琶，是谋生之道，更是兴趣，要不怎会弃医呢？丝竹虽有家习，弹三弦，会弄琵琶，但大套弹得少。琵琶能有长进幸得沈师。第一次去沈师家中，开始他只字未提琵琶的事，问了问家父做甚之类的话，直到告别前沈师才正色讲：'你是医生，治病救人为本，医之道，德为先。学琵琶，亦如行医，仍是德为先，乐可养心，也可治心，用之无道，如同错方，害己误人。你可能做得到？'我应承可以做得到的！正式上课是半个月上下后的时光。沈师又正色道：'今天讲两件事体：第一件，你现虽从我，但你先前的老师不可少忘，一辈子都不能忘。忘却师祖，天地难容！第二件，我所传你的谱，不能随意增删涂改，再传仍须原样。凡你有所悟的谱用另纸抄于一旁，以示与原谱的区别。'记得两次都是龚印心陪我去的。沈师之言，终身受益而未敢忘怀的。"

恐是酒的原因，顿了许久，石城老师几乎是一字一顿地讲："阿罗啊，五线谱的《养正轩琵琶谱》终于出版了，本应高兴的，但我高兴不起来。只是完成了沈师遗愿的一半的呀！……怎么高兴呢？"个中原因我清楚。这要追溯到1966年《养正轩琵琶谱》（简谱增编整理本；沈浩初传谱/林石城整理；下称《沈氏谱·简谱版》），该谱中以谱为主，《沈氏谱》中之文论概无，不能不说是一种遗憾。不过，在"文化大革命"中是可以理解的，不知何故，《沈氏谱·五线谱版》依然如《沈氏谱·简谱版》一般。见老师如此，不便再多问。

2002 年初，我和武汉同窗陈钧基本完成了石城老师近乎逼着做的《琵琶右手分解训练法》和《五弦琵琶制作修改方案》。年未如约假道去北京看望石城老师。老师兴致很高，早早地备好了全聚德的烤鸭。他指着摆在茶几上的茅台酒："这还是你去年托人带来的……"一如往常，寒暄过后话题便漫无边际。与我一道同去的同事对老师说："您一点都没有大学者的架子！"石城老师看着我，不约而同地洒笑。同事不明就里，也跟着笑了起来。

石城老师突然问我："我送给你的沈师《养正轩琵琶谱》你认真看过吗？"这已不是第一次问我了。得到我的肯定回答后，老师又问我："《沈氏谱·简谱版》和《沈氏谱·五线谱版》与《沈氏谱》比较，还有什么可以做的吗？"

罗复："在反映沈浩初的初衷和全貌上，没有了文论部分是一种欠缺。"我虽然不知道老师的真实想法，由于我们之间素来随意，便无忌讳，也就直说了。我特地重复了一次"是一种欠缺"。

石城老师："讲讲看。"

罗复："可能是因为当时的政治气候、环境和自己的处境考虑，你略去了一些篇幅和内容！"

石城老师："是的呀！那时我的生活上的拮据还是其次，最头痛的是限制我弹琵琶。那时沈师的谱子是'四旧'，如不是收藏得当，早就随我的那堆书稿付之一炬了。《养正轩琵琶谱》（简谱增编整理本）是暗暗地做的，上海没人敢帮我弄。邹以仁（重庆大学建筑学院资深教授，与石城老师有神交之谊。）来沪看我，知你们是忘年的朋友和你的为人，才让他给你带去一封信。……是有不少的地方未敢触及，是在刻意回避。虽出无奈，现在想起，总是遗憾的呀！"老师没有讲《沈氏谱·五线谱版》。

石城老师探究地看着我："……这你能试着做点什么吗？"

罗复："我？！恐怕没有这个能力，加之时间上……主要是能力不济。"我一点思想准备都没有，非常惊讶！

石城老师追着问："是否也有顾虑？"

罗复："没有顾虑。怕做不好，会有损经典的！"

石城老师："无虑则好，没有什么可怕的呀！边学边做，权当读书，也是有乐趣的呀！乐由中出吗！"老师向来谨慎，看来要进一步做《沈氏谱》的事已经思量很久了。

……

罗复："那用笺订稿的体裁可以吗？算是读书笔记，看到哪记到哪，无时限来也自由？"

石城老师："怎么会想起用笺订？"

"笺订"这种体裁还是高中语文老师教的。"笺"即书笺或纸头什么的，也指将读书时的随想、或遐想、或质疑、或引证得的资料记在书笺或纸头上，在读书完毕后将这些书笺或纸头收拢装订而成。初听很陌生，其实既实用又自由，本无所谓什么格式，后来陆续用的人多了，便成了一种约定俗成的体裁了，很适合懒人，我便疏懒。

石城老师："好呀，往下再讲。"

罗复："就是时间不能太紧，我得先学后做，进度要看资料占有的情况而定。在这件事上我只能算打草稿，你得把关……"

石城老师："好呀，再讲讲想法。"

罗复："……重点有四部分：一是《卷上》和《卷下》中的文字部分；二是对曲牌的探究；三是对和唱的《秋思》《薛仁贵》及《寿亭侯》段的词与谱的订打；最后是对前三部分研究的结论。这样不知可否恰当？"

石城老师："好的呀！看来你早有心得，那回去就开始吧。弄完给我看，有什么需要我做的就告诉我。"

罗复："是平常老师的督促和指点，早前随兴记了一点读书笔记，或三言两语，或几个字，放在《养身斋叙谈录》中。"

石城老师："……我主张图片加笺订相对照的方式，你觉得呢？"

罗复："如这样，那篇幅将会很大。"其实我另有难言之隐。这是因为石城老师送给我的《沈氏谱》被我一个早年的学生借去，后借"遗失"之故不还给我，无以面对石城老师。如果老师知道，会特别伤心的。

石城老师："此事不在篇幅的大小，而在应该用多大的篇幅去讲清它。有图片，可以讲是真实的吗！"石城老师的意思是将笺订的《沈氏谱》的有关章节拍成图片，然后一一对照笺订，这样的方式当然最好。其中不难体会到石城老师在谨慎和细心下明显的求真求实的秉性。

在确定篇名时石城老师非常严谨和小心。我提的篇名是《读沈浩初〈养正轩琵琶谱〉笺订稿》。老师说先吃饭，再想想。在中央音乐学院后门外右手边的小饭馆吃饭回来的路上正说住房洗手间漏水的事，石城路上突然站住脚说："要加时间的定语，要么加'1929 年'，要么加'初版'，或者干脆加'1929 年初版'，好的吧？"

篇名就这么定了，《读沈浩初 1929 年初版〈养正轩琵琶谱〉笺订稿》从此就成了石城老师和我之间经常谈及的话题。很多时候是在电话中即兴长聊，那时电话费常成了石城老师的一个调侃："阿罗，这次你又准备用多少私房钱来付电话费呀！"洒笑！乐在其中！

自打那时起，每次去石城老师家都会带上《笺订稿》，不论进展快慢，也不论有几页都会认真讨论。有分歧时，偶尔也会红脸，但总能找到统一认识的那一个点，几乎每次都是石城老师先伸过他那宽厚而温暖的大手。比如：沈浩初是尊重师道的，在《沈氏谱》中对自己早年的音乐老师都专有提及，但整套《沈氏谱》三卷中却找不到沈浩初是师从何人学习琵琶的只字片语，也找不到沈浩初真传谱的谱源来自何处的依据。虽然后吴梦飞曾有《序》言沈浩初师从倪清泉句，但终归不是沈浩初自己所言。我们为此红脸了，几经周折，统一在"无证不考，无据不究"这八个字的原则上。具体涉及处理沈浩初师从何人？谱从何来？

这两个问题的方法时，则采取在笺订《沈氏谱》时只提出问题和质疑，无法求证则不求证。而在《笺订稿》的"《养正轩琵琶谱》与林石城"一节中依吴梦飞的《序》和石城老师的文章作注释的办法。

《笺订稿》不是顺章节做的，有时还是在读其他书涉及到《沈氏谱》时作注或记点有感。石城老师在世时《笺订稿》的"注"和"释"部分及几个小题基本完成，约20万字。石城老师走后，自己又懒了下来，加之许多琐事，几无进展。我常想，此时此刻，如石城老师尚在，他会红脸吗？

简谱增编本和五线谱两个版本的《养正轩琵琶谱》是林石城永久的遗憾，对于这两个版本来讲是无法弥补了。但林石城想弥补，这是责任之使然，也是性情之使然。凡此种种，面前的林石城，是忘年？老师？大家？皆是。林石城，性情中的琵琶大家！

三、林石城笑谈自己将琵琶置于左腿上的持琴姿势

不能把大家都在用的持琴姿势说成是浦东派琵琶的！

——林石城2002年5月在重庆文联、重庆音协及重庆琵琶学会主办的学术讲学会上的讲话

2002年5月下旬，中央音乐学院为林石城举办的"66年音乐会"结束后即携夫人来寒舍小住一周，除睡觉之外我和老师都在一起，交谈更为坦诚，其信息量之大超乎想象。石城老师

常在演奏时把琵琶放在左腿靠近腹部处，由于他的声望之所在，间或有人会问到此事。重庆市文联、中国音协重庆分会和重庆琵琶学会隆重地接待了石城老师。在征得石城老师同意后特意安排了一场学术讲学会。与会的有包括四川音乐学院凤照兰教授在内的四川、云南、贵州及重庆地区等西南地区艺术院校专职琵琶教师等在内的 200 余人，盛况空前。

在学术讲学会的提问阶段就有人问石城老师："您把琵琶放在左腿上，是不是浦东派琵琶的传统姿势？"

石城老师笑起来了，说："这个问题不只是你在问，北京、天津、南京、广东等不少地方都在问。现在我告诉你，这只是我个人的习惯，不能说是浦东派琵琶的传统姿势。其实，我也是常把琵琶放在两腿之间演奏。我的老师沈浩初先生，沈浩初先生你们知道是谁吧？《养正轩琵琶谱》就是他编著的。沈浩初先生是把琵琶放在两腿之间的。"石城老师指着凤照兰说："'文革'期间，我在四川音乐学院教过半年，凤老师他们都是把琵琶放在两腿之间的吗。"

有人接着问石城老师："您的学生中有像您这样放琴的吗？"

石城老师收起了笑容说："没有。叶绪然、刘德海、章红艳、郝贻凡，他们都是把琵琶放在两腿之间的。"

我在沙区湖滨别墅为石城老师订了二楼一层，回到房间，石城老师又提起浦东派琵琶的"坐弹仪式"。

石城老师："你对把琵琶放在左腿上有何看法？"

罗复："……老师，说真话？"

石城老师："当然！"

罗复："正如你所说，把琵琶放在左腿上，只是一种习惯，但稳定性不好。……这种习惯可以以成都全国琵琶教材会为分水岭。此前，琵琶基本在左腿上，与我 1968 年在上海看到的差不多。此后就有变化了。"

石城老师："怎么变？"

罗复："有两种：一是你将琵琶复手靠左的琴底放在左腿更靠近腹部的位置，靠右的琴底靠在腹部，以增加稳定性。二是你也常放在两腿间了。"

石城老师："哈哈，你看出来了！是的。稳定性不好，是这种姿势的最大缺点。我原本也是放在两腿间的（这一点从 2012 年对石城老师青年时的学生庄国权老先生的采访中得到了证实，林石城早年确实是将琵琶放在两腿之间。）由于那个年代大家都放在左腿上，我也就放在左腿上，这与浦东派琵琶的传统姿势没有关系。所以，你 1968 年来上海时问我要不要改变姿势时，我叫你就放在两腿间好了。"

石城老师："看了《海青》有什么想法？"

罗复："还是琵琶的放法？"

石城老师："嗯。"

罗复："……你在 66 年音乐会上演奏《海青》时琵琶经常滑下左腿，我粗略地统计了一下，有 43 次，较大的滑下有 5 次。"

我虽然犹豫了一下，还是把实话说出来了。

石城老师停顿了许久未言语，我担心是我失言所致，忙向老师道歉。然而石城老师的一段话除了温暖之外，更多的是大家风范："不，不是的！……忘年啊。侬晓得吧，真交啊，我就想听真话的，我还没有糊涂，不能把大家都用的持琴的方法说成是浦东派琵琶的呀！"

罗复："那你为什么不改在两腿间呢？难道放在左腿上有什么特殊的意义吗？"

石城老师："没有什么特殊意义，只是习惯而已。由于稳定性差，也想了一些办法，比如在琴底贴绒布，但终归不能完全解决，所以也就常用放在两腿间的方法。"

是的，其实早在1957年，在林石城编著的《琵琶演奏法》之第28页第5自然段就说得非常清楚了："（1）扶持琵琶：琵琶下端放在两腿之间或左腿面上的近腹沟处。"

石城老师能直面自己持琴姿势中的问题，想听真话，也说真话。这正是他一生提倡和践行的"人不可以为伪"和"乐不可以为伪"治琴理念的真实写照。

曲终人不散　于今更璀璨

——纪念民族音乐家林石城先生诞辰 90 周年

■ 吴慧娟

吴慧娟：博士，副教授。自幼学习琵琶，先后跟随仙游师范学院游天青、福建师范大学孙丽伟、上海音乐学院叶绪然等教授学习，并得到中央音乐学院陈泽民教授的指导。2005 年毕业于福建师范大学，获得硕士学位；2010 年毕业于上海音乐学院，获得博士学位。曾在《中国音乐学》《人民音乐》《中国音乐》《星海音乐学院学报》《音乐探索》等期刊发表论文10 多篇；主持国家社科项目及省社科、教育厅项目多项；指导学生在全国性或省级性比赛中多次获得奖项。

　　事业的继承、发展和超越永远是艺术的主旋律⋯⋯

　　今年是中国当代浦东派琵琶演奏艺术家杰出代表，中国音乐家协会会员，杰出的民族音乐教育家、理论家、琵琶演奏家，中央音乐学院著名教授，中国音乐家协会琵琶研究会会长，中国音乐家协会民族音乐委员会委员，中国南音学会理事林石城教授诞辰 90 周年。林石城先生一生见证了 20 世纪我国琵琶事业的发展历程，用毕生的精力，以坚定的毅力，身体力行去推动我国琵琶事业的发展。一代宗师虽然离去我们 7 年了，但"曲终人不散"，林先生的琵琶艺术成就和贡献必将永远影响着中国琵琶事业的发展。

一

　　林石城先生 1922 年 3 月 3 日生于上海南汇县横河镇西乡一个中医世家，其父林玉如不但是一位出名的中医，还是"一位玩丝竹的名手"。林石城从小耳濡目染，也喜欢搬弄家里的各种乐器，"自 13 至 15 岁父亲教会他演奏二胡、三弦、琵琶等多种民族乐器"。19 岁时（1941 年），林石城先生在上海中国医学院毕业后开始行医，行医之余仍醉心于琵琶演奏。后经好友龚印心介绍，琵琶"浦东派"第五代宗师沈浩初先生收他作惟一的入室弟子，成为浦东派第六代正宗嫡派传人，尽得浦东派精华。同时在沈师的鼓励下，先后向"平湖派"吴梦飞先生、"崇明派"樊少云先生、"汪派"汪昱庭先生学习，与杨少彝、孙裕德

浦东派琵琶第五代传人沈浩初先生

等先生有着良好的琴谊，博采众长，卓然成家。20世纪40年代，林石城先生已是江南琵琶名手，是"春秋集国乐社""上海国乐研究会"、上海第一医学院国乐队等社团的顾问和音乐指导，每周末都在广播电台作现场演奏。20世纪50年代初，他在上海市总工会成立大会上演出了由他创作的《学生操》，一时轰动。1953年，林石城结识了音乐家杨荫浏、曹安和先生，他们劝说林先生到中央音乐学院任教。此时的林先生早已是沪上名医（20世纪50年代初期全国300名甲级医生之一），对中医、西医融会贯通，善治许多疑难杂症，尤擅妇科不孕症的治疗。傅雷、刘海粟等社会名流都长年找他看病，他收入颇丰，家道殷实。但林石城先生说，"好大夫千千万万，沈师的传人只有我一个，

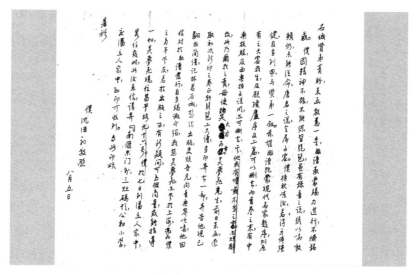

沈浩初写给林石城的信

不能让浦东派从我手上断绝"，早就立下了"弃医从乐"的志向。1956 年，中央音乐学院聘请他北上任教，他毅然关闭了自家诊所，从此将整个生命和全部身心，都奉献给了琵琶，奉献给了中国民族音乐教育事业。

乔建中先生曾这样评价过林石城先生：在当代中国琵琶艺术界，林石城教授是与以下经历和业绩联系在一起，自 14 岁起在父亲指导下接触二胡、三弦、琵琶等；未久，拜浦东派名师沈浩初，正式开始学习传统大套琵琶曲，凡 66 年；1956 年起受聘于中央音乐学院，从事专业音乐教育，凡 46 年；自 1948 年改编《婆媳相争》《秋思》起，坚持琵琶音乐创作至今，创、改乐曲百余首，凡 54 年；自 1959 年出版《琵琶演奏法》《琵琶曲谱》（五线谱）起，一直著述不断，约21部，另录唱片、盒带、CD、VCD等共20种，37张，凡43年；自1960年参与琵琶乐器改革至今，凡42年……

上面的经历和业绩，最终使他在中国民族器乐界和琵琶艺术界获得了广泛的声誉和无可动摇的宗师地位。

二

一个人的一辈子在某个领域有所造诣就很不容易了，而林石城先生以其"超常的生命能量""执着无悔的敬业精神"书写了自己作为一名琵琶演奏家、一位专业教育家、一名琵琶艺术编创整理者的辉煌人生和巨大成就。林石城先生见证了我国20世纪琵琶艺术的发展的轨迹。我们知道，20世纪初到新中国成立前，战争频繁，社会动荡，民不聊生。新中国成立后，社会大局稳定，经济不断发展。林先生意识到新时代和新的社会环境将给琵琶艺术发展带来新机遇，他以琵琶艺术作为人生的支点，不断冲刺，开拓创造，率领琵琶界步入新高峰，让传统琵琶艺术大放异彩。林先生对琵琶艺术的贡献可圈可点。

林先生是我国琵琶专业教育的拓荒者。1956年，林石城先生受聘于中央音乐学院后，面对一片空白的琵琶专业教育，毅然开始大胆改革推进琵琶教学，写成了《琵琶教学法》，用五线谱编写了琵琶教材，还编写了150首的《十二调琵琶练习曲》，供教学之用。其后，又编写了《琵琶三十课》，这是一本学习琵琶演奏的初级教材，是从一点不会开始，通过三十次课，可以在短时间内基本上了解并懂得有关琵琶的各种常用技法。这本书的文字不多，但其特点是在练习曲后面加上一些简单扼要的文字说明，这对于琵琶学习者来说至关重要，不但能够习得每个练习曲的要领，还可"各个击破"，不断检验，逐个练好每种指法，逐条练好每首练习曲，可以说是琵琶学界较早的一本系统学习掌握琵琶演奏的教材。之后，林先生又编写了《琵琶练习曲选》等。为了可以更直观地观看演奏、习得要领，林石城先生还录制了大量的琵琶曲，《琵琶三十课》《琵琶名曲十八首》《思春》《十面埋伏》《海青拿天鹅》《琵琶六讲》等，逐步推进琵琶教学走上科学化、规范化的道路。

　　林先生开辟了琵琶创作的新路子。器乐艺术的表演方式主要包括两个方面，一是合奏，一是独奏。而琵琶在封建社会时代多半是文人自娱自乐的，或在民俗场合与唢呐、管子、笛子演奏者作即兴演出，合奏曲较少，形式品种也较单一。林先生改编、移植和创作了一大批新的曲目。如改编曲目有：《秋思》《迎春舞曲》《彩云追月》《出水莲》《靠山》《老六板十段变奏曲》《高山流水》《陈杏元和番》《新编春江花月夜》《山丹丹开花红艳艳》《光明行》《黎族舞曲》《快乐的女战士》等；整理的曲目有：《婆媳相争》《洛神曲》等；创作的曲目有：《青春之舞》《学生操》《海河之歌》《奔放》《捉迷藏》《秋胡行》《天福颂》等；编写的曲目有：《龙船》《三六》《行街四合》《旱天雷》《春江花月夜》（琵琶、古筝二重奏谱）、《行街四合》（二部曲谱）、《到春来》（二部曲谱）等等，数量之丰富，题材之广泛，品种之多样，格调之清新，都显示了他在艺术上勇于创新的精神。在创作、改编和移植的新曲目中，林石城还注意了引进现代作曲方法，从而开拓琵琶乐曲创作领域的新路。他第一个把西洋和弦搬用进琵琶创作和演奏中去，如他运用三和弦最先创作改编的《迎春舞曲》《彩云追月》等乐曲。在整理《夕阳箫鼓》这首传统名曲时，他综合了鞠士林、陈子敬、沈浩初的传谱及合奏曲《春江花月夜》这四种版本的优点，并运用了复调手法，使乐曲既保持传统主题、节奏和风格特色，又给人以耳目一新之感。

林先生不断丰富琵琶的演奏手法。林石城先生对浦东派的一些传统指法不仅是忠实继承，而且不断有所丰富和发展。像"并四弦"这种指法，即使是他老师沈浩初先生当年也需要运用两个手指把"推、挽、并"三个动作分开来做，而林石城先生却创造出"用一个手指在半秒钟内完成"的演奏奇迹，丝毫没有断裂之感。还有如滚轮四条弦及其弦数变化、吟推挽纵起的特有奏法、音色音量的变化控制等，以及滚四弦连伏、人工泛音等新指法的创造，大大丰富了琵琶的表现力。

林先生率先提出了"琵琶学"学科概念，开拓了琵琶艺术理论研究的视野。林石城先生从20世纪50年代起就开始对《养正轩琵琶谱》进行整理，并撰写了《浦东派琵琶初探》等论著。他在繁忙的教学之余，还撰写了《琵琶教学法》《琵琶演奏时的音质、音色、音量》《谈琵琶曲〈霸王卸甲〉的演奏》《试谈阿炳三首琵琶曲演奏艺术》《琵琶右手指法弹挑》《琵琶左手指法吟》《琵琶音阶及基本练习》《琵琶教学五十多年之点滴感想》《从琵琶舞台表演的"落差"谈起》《琵琶指法与表演之窥见》《从刘天华录制的唱片演奏中试谈〈飞花点翠〉的曲题意义》《琵琶古曲〈海青拿天鹅〉》《严肃认真一丝不苟——忆浦东派琵琶传人沈浩初先生》《琵琶史话》,以及《工尺谱常识》《民族乐队乐器法（琵琶部分）》等等。这些理论著述,涉及了琵琶的演奏技巧、指法、乐曲分析和艺术处理等方面,为琵琶艺术理论化展示了广阔的空间。特别值得注意的是,林先生在《琵琶演奏法》（1958 年）这部著作中,首次提出"琵琶学"这一学科概念,并向广大学习者介绍了琵琶的流派（其中重点阐述"浦东派""崇明派""无锡派""平湖派""汪派"的艺术特点和演奏风格）,以及各具流派风格特点的 12 首曲目。这对琵琶的传播、学习和研究都具有开先河之意义。

林先生是琵琶乐器改进的积极参与者。林石城先生和中央音乐学院、北京民族乐器厂、上海民族乐器厂的琵琶师傅们合作,对旧式的琵琶背料长度、音箱形态、横档位置、面板厚薄、复手材料及金属弦等进行了多方面的改革,取得了明显的效果。1982 年,他与琵琶制琴名师高占春先生合作,著有《琵琶制作》一书,对琵琶的制作制定一个统一的标准,对后人学习琵琶、制作琵琶以及鉴定琵琶等方面留下了宝贵的经验。

三

今天我们缅怀林先生，对他最大的告慰就是要竭尽全力发展琵琶艺术事业。纵观 20 世纪的琵琶艺术综合发展轨迹，从林先生毕生的奉献中可以看到发展琵琶艺术事业的趋势。

1. 坚持继承与创新的统一

文艺是在继承借鉴的基础上古为今用，洋为中用，推陈出新。长期的艺术实践，使林先生深刻体会到，对于传统艺术流派的正确态度，应该是既要尊重它，认真继承它，又要在继承的基础上予以革新。任何拒绝学习传统或随随便便地抛弃传统，或踩着前人脚印亦步亦趋、不敢迈出新步子的做法，都是一种偏向。林先生走出了"一条忠而不拘，继承发展，取精用宏"的艺术人生之路。他说，如果不把传统的音乐文化真实地、系统地、完整地保存下来，就无从知道原有的传统音乐是怎么样的，也就无法继承它。林先生自成为浦东派的入室弟子之日起，就以忠实的态度，全面继承，一丝不苟，精练本派技艺，强化本派风格。同时，林先生十分重视琵琶艺术的创新和发展。他指出，"琵琶艺术的发展，琵琶新指法、新乐曲的创作，应在做好保存、继承的基础上，经过分析研究、检验对比，总结出琵琶发音、指法、乐曲的特性，然后用这些特性与有效手段来写新曲，来开创一条新路。新创作的乐曲，既要符合琵琶的各项特征，又是仍然具有中国音乐语言风格特点的音乐。"林先生强调发展创新要紧跟时代步伐，作品要贴近生活，贴近现实。他说，"时代在前进，事物在发展，琵琶艺术也在发展"，要求"现时代创作的琵琶乐曲，除了部分反映古代或外国故事外，主要应先多写出反映现代人们的精神风貌来"的作品。"假如我们不搞发展与创新，只满足于传统乐曲，等于把现代人拉回到古代人的生活中去。"林先生这种继承与创新相统一的指导思想对琵琶艺术的发展相当重要。琵琶的历史，就是在继承中不断发展而走过来的。历史的车轮已经迈进了21世纪，作为一名琵琶教育工作者，理应主动承担起承上启下的责任，忠实继承好琵琶艺术的传统精华，开创发展琵琶艺术的新途径，与所有琵琶同行们一道去扩展当代琵琶艺术的文化、社会蕴含和接受面。

2. 坚持艺术与人文的统一

琵琶在封建时代大多是属于文人自娱性的，文人们具有较好的文化素养。要学好独奏琵琶曲，文化水平不高，艺术修养差的人是无法学好的。林先生强调，要学好琵琶，首先，自己要具有爱好琵琶艺术的决心。而且还须由"爱好"变成"热爱"，这样，才能在学习琵琶时有一股主动力与追求欲，也会想尽办法找时间去练琴，而且是勤奋地练琴。其次，要具备较高的文化水平与艺术修养，没有文化与音乐修养，对如何去理解与表达每首乐曲的曲趣内涵必将无能为力，或奏得不伦不类，或只把乐音死板地弹出而已，使听的人感觉不到乐曲之内容以及应有的感染力。第三，必须要有名师指点与传授。没有找到好老师，基本指法的基础没能打好，传统精华更是无法学到，有些甚至对基本指法的演奏弹错了，发音效果不符于该指法的应有要求，自己还不知道呢！对乐曲，也常会以错传讹，奏不出应有的意境来。文化水平与艺术修养是相互关联着的。文化水平不高，对琵琶曲的整个故事的理解、各段意义的把握、各种意境的领会就不一定掌握得那么好，也就势必影响整曲曲趣的表现和演奏效果。文曲有文曲的特点，武曲有武曲的风格，演奏者的演奏效果很大取决于演奏者对乐曲的理解。例如，同样是武曲，《霸王卸甲》与《十面埋伏》描写的都是楚汉垓下之战，但《霸王卸甲》重在突出失败的悲情，《十面埋伏》重在描绘胜利的喜悦。但由于各种因素的制约，目前我国艺术高考制度还不完善，相对来说是文化素质较弱的来报考学习音乐，进入大学后也普遍存在"重技能、轻人文"的倾向，这个现象必须引起高度重视，并采取措施加以扭转。培养艺术修养的方式方法是很多的。例如可多多阅读一些古今中外的各种书籍来增长知识，培养自己的审美观，对中外音乐、各地区戏曲、书法、绘画、金石等也宜学习与研究，提高自身的文化素质和艺术修养。当然，艺术修养再好，对乐曲情趣理解得再透，如果没能把各种基本指法练好，也是无法把乐曲的应有内容意境表现出来。为此，只有练好左右手各种指法之后，才能演好乐曲。林先生的"观察、思考"四个字归纳很有借鉴意义，要"观察"其格局、造型、手法、气质、形象、动态、静态、意境、情趣等等；"思考"其为何要作如此之处理，在演奏琵琶乐曲时应如何去借鉴等等。

3. 坚持规范教学与口传心授的统一

从 20 世纪 50 年代以来，我国专业音乐教育取得的巨大成就是有目共睹、众所周知的。琵琶乐器进入专业院校课堂以来的几十年，为社会培养了一批又一批的琵琶专业人才，琵琶演奏的技巧、手法、音色、作品等都得到了空前的提高和丰富，达到了前所未有的水平。我们在肯定现代这套专业化、学院化、规范化的琵琶教学模式取得成效的同时，必须关注琵琶艺术流派传统的传承方式"口传心授"在现今"专业音乐院校教学中严重式微"的现象。林先生是新中国琵琶现代专业教育的开拓者，将传统琵琶流派以口传心授方式为主的教学系统化、专业化，将民间性的琵琶传授转变成为正规学院式的教学。他的琵琶教学理论对现当代琵琶教学影响深远、意义重大、功不可没。他倡导严肃教学，狠抓基本功，"强调各类指法的正确与规范性，除了讲解练习曲的目的、重要性、要点和如何解决基本功与技法的问题外，还特别强调手指本身的功力、指形的内在控制，双手的协调配合以及各个指法的正确训练方法等概念。"同时，林先生在教授琵琶乐曲时总是亲自示范和讲解，他曾说："学习乐曲与练习曲完全不同，学习乐曲应侧重于表现上，每一首曲子都有自己的风格和情绪，当然，离不开指法、技法的正确应用，但关键点还是如何表现好乐曲的特定内容与情趣，这是重点。"林先生深知传统琵琶艺术是"由流派而沿袭，由流派而积累、扩展"至今天的。他在《琵琶演奏法》（1958 年）这部著作中，向广大学习者介绍了八个鲜为人知的琵琶流派，重点阐述"浦东派""崇明派""无锡派""平湖派"四大流派的特征，并创造性地把以演奏汪昱庭先生传谱为依据的群体定名为"汪派"。林先生自己也用了毕生的精力在继承弘扬和发扬光大浦东派琵琶艺术。我想林先生在教授琵琶乐曲时总是亲自示范和讲解的用意就在于此。为此，我们应该学习林先生在教学中，既能吸取各家之长，又能够保留浦东派传统的精神，在实施规范化的现代教学模式的同时，更加注意运用"口传心授"传统传承形式和个性化教学方式，为琵琶艺术在 21 世纪更加璀璨打好基础。

4. 坚持德艺双馨，乐于育人

林先生的艺术人生并不是那么顺利，他在《我的琵琶历程》中写道"我的一生并不顺畅平稳，起起落落。但在这不安定的生活中，竭尽所能"。在 20 世纪 50 年代末，年富力强的林先生本该进入事业的全盛期，但随着国家政治形势的恶化，他的事业经受了严峻的考验，生活也历经磨难。1960 年，他因所谓历史问题被停职审查，离开了教学岗位。1963 年，他举家迁回上海，生活日益困顿。为了维持生活，夫人朱绮华带着三女一子，搬过白菜，卖过白薯，扫过大街，刷过马桶，卖过冰棍，到实在难以为继时，朱绮华还多次卖血。在这样极为艰苦的条件下，林先生从未放弃对民族声乐艺术的追求，并整理记写了《养正轩琵琶谱》《鞠士林琵琶谱》《陈子敬琵琶谱》等传统乐曲的演奏谱，进行了他人难以替代的抢救工作。他撰写了《中国曲式》《琵琶教学法》《琵琶练习曲》等初稿,编写或移植了《三六》《青春之舞》《苏武牧羊》《山丹丹开花红艳艳》,舞剧《红色娘子军》《白毛女》选曲等。并把《养正轩琵琶谱》所得稿费全给了沈先生的遗孀。林先生这种遇难不避、义在责任的执着精神实在难能可贵。"文革"结束后，林先生珍惜来之不易的时光，为促进琵琶这一古老的民族传统乐器艺术的兴旺和提高殚精竭虑。林先生作为一名人民艺术家，淳朴坦诚，心中装满人民，心中装满文化。他曾说："要干，想干的事情真是太多了，电台要录音，唱片社要供稿，出版社要交书，刊物要索稿，还有更多的学生等着我去教……人生年华有限，应当抓紧干点事，一句话，我要争取将更多的东西交人民。"

林先生以培养新一代音乐人材为己任。对自己高标准严格要求，对求学者无私奉献。他说过，从严有两种含义：一是对待学术的态度要认真严肃，实事求是，不要自以为是，不要把方法不对的奏法贸然教给学生；二是对自己的练琴质量要严格要求，不要放松要求和标准。严师出高徒，林先生培养出来的学生遍布全国各地，在他们中间已涌现出许许多多颇有造诣的琵琶演奏名手或教学骨于人员。例如，在中年的一批中，刘德海（中国音乐学院）、叶绪然（上海音乐学院）、吴俊生（中国音乐学院）、李光祖（中央乐团）、潘亚伯（吉林艺术学院）、徐正音（中央民族乐团）等等在音乐界已有相当的影响；年青的一批中潘娥青（电影乐团）、李月华（中国铁路文工团）、周丽娟（上海音乐学院）、何树凤（中国广播乐团）等以及林先生的儿子林嘉庆（中国歌剧舞剧院）是我国琵琶新秀中的佼佼者。林先生生前不管工作负担有多重，也决不推辞各种教学任务。即使当年他已年逾花甲，仍然孜孜不倦地坚持在教学第一线。对于一切求教者，不管是在校主科生，还是来校进修琵琶专业的，外单位送来单科代培的，自己慕名求教、定期登门来上课的……林先生一视同仁，总是负责到底，尽心竭力地教好。由于林先生外界音乐活动多，有时遇上要紧的事情他总要设法通知便改上课日期。许多学生被他的这种严谨认真的教学态度所深深感动，益发激起学习的热情与信心。

结　语

中国音乐文化宝库由于历代音乐家的伟大创造而变得更加辉煌灿烂，这是所有为之奋斗、献身的人们一种欣慰。但"青山遮不住，毕竟东流去"，21世纪已经来临了，中国民族音乐已经揭开了新的历史篇章，琵琶正迎来一个从未有过的好时节，为我们琵琶艺术事业拥有一个更辉煌的世纪，我们应该虚心学习，凝魂聚气，强基固本，努力创造，竭力奉献。

编　　后

　　这本书，时隔三年有余，虽然有些姗姗来迟，但终于就要与读者见面，无论如何是一件让人欣慰的事情。这里想要补充说明的，一是这部文集其实并没有收录所有的发言，原因是部分参会者感到他们的发言不完全适合编入文集，而我们只能尊重他们的意见；二是书中所刊出的图片只是林先生生活、教学、演出活动的部分，虽然插编在本书的文稿之间，但与文稿内容并没有对应的关系。同时，照片因来自不同地方，很难标注清楚准确的来源、摄影者及时间。不过我必须在这里感谢李国魂、潘亚伯、林嘉庆、王劲梅、王振先、杨淑芳诸位，是他们为本书提供了大量的珍贵图片；三是作为署名文章，均由作者亲自修改提供，谨向各位老师表示感谢！在文稿的收集整理过程中，民乐系研究生程语做了许多烦琐细致的工作，在此一并致谢！

章红艳

2016 年 2 月 29 日